DUNGOU SUIDAO SHIGONG JISHU
SHIYAN SHOUCE

盾构隧道施工技术试验手册

尹志清　王　凯　艾振喜　张　磊　孙德环　胡林浩　闵凡璐◎编著

河海大学出版社
·南京·

图书在版编目（CIP）数据

盾构隧道施工技术试验手册 / 尹志清等编著. -- 南京：河海大学出版社，2023.12
ISBN 978-7-5630-8580-4

Ⅰ. ①盾… Ⅱ. ①尹… Ⅲ. ①隧道施工—盾构法—试验—技术手册 Ⅳ. ①U455.43-62

中国国家版本馆 CIP 数据核字（2023）第 240026 号

书　　名	盾构隧道施工技术试验手册
书　　号	ISBN 978-7-5630-8580-4
责任编辑	杜文渊
特约校对	李　浪　　杜彩平
装帧设计	徐娟娟
出版发行	河海大学出版社
地　　址	南京市西康路 1 号（邮编：210098）
电　　话	（025）83737852（总编室）　　（025）83722833（营销部）
经　　销	江苏省新华发行集团有限公司
排　　版	南京布克文化发展有限公司
印　　刷	广东虎彩云印刷有限公司
开　　本	710 毫米×1000 毫米　1/16
印　　张	12.25
字　　数	210 千字
版　　次	2023 年 12 月第 1 版
印　　次	2023 年 12 月第 1 次印刷
定　　价	98.00 元

前言

近年来,盾构法因其安全、高效、稳定等特点而广泛应用于地铁及过江过河隧道的建设中。盾构机穿越不同的地层及周边环境对盾构施工提出了不同的要求,除此之外,盾构施工中涉及较多材料的应用,这些材料对盾构施工安全及质量起到了至关重要的作用。盾构施工中一些关键参数及相关材料性能测试以室内试验为主,本手册包括了常用材料性能测试的室内试验内容。

本手册试验内容参照诸多已有规范、文献与教材编写而成。试验内容主要包含土与岩的基本性质测试试验、壁后注浆性质测试试验、土压盾构改良试验、泥水盾构泥浆配制及成膜试验、高含水率废弃泥浆处理试验、废弃渣土资源化试验、刀具性能测试试验、其他材料性能测试试验、微观试验及其他隧道相关大型试验仪器介绍等十部分内容。读者可通过本试验手册了解盾构施工中常用材料及其性能测试方法。

试验结果的可靠性和能否应用于具体工程设计中,主要与测试设备的工作状态、操作人员的熟练度、取样的代表性、制样过程中的扰动性及试样工作条件等诸多因素有关。作为试验操作人员,应始终保持仪器处于良好工作状态,细心整理试验结果,详细记录试验过程中出现的各种现象,只有这样,才能使试验结果有较高的可靠性。

在本书编著过程中,河海大学土木与交通学院研究生王登峰、朱文超、王诗雨、杨亦文、杨志超、江苏洋、袁锐、戴俊杰、王栋、胡卓凡、李震、李炳志、蔡鸿伟等在资料查阅、文字整理方面提供了帮助,在此表示感谢。

由于作者水平有限,书中错漏之处在所难免,望读者能够提出宝贵意见,以在后续工作中进行完善。

目录

第 1 章　土与岩的基本性质试验 ········· 001
　1.1　土的基本性质试验 ············· 002
　1.2　岩的基本性质试验 ············· 033

第 2 章　壁后注浆性质测试试验 ········· 045
　2.1　壁后注浆作用 ··············· 046
　2.2　壁后注浆分类 ··············· 046
　2.3　壁后注浆配制与配比范围 ········· 046
　2.4　壁后注浆基本性质测定 ·········· 047
　2.5　壁后注浆非自立三轴试验 ········· 059
　2.6　正交试验配比优化试验 ·········· 062
　2.7　壁后注浆效果检测 ············ 063

第 3 章　土压盾构渣土改良试验 ········· 073
　3.1　气泡基本性质测试 ············ 074
　3.2　膨润土泥浆密度测试 ··········· 080
　3.3　聚合物改良剂特性黏数测试 ········ 081
　3.4　改良后渣土的性能试验 ·········· 083
　3.5　黏附性评价 ················ 086

第 4 章　泥水盾构泥浆配制及成膜试验 ·················· 091
4.1　膨润土基本性质 ·················· 092
4.2　泥浆基本性质 ·················· 097
4.3　泥浆渗透成膜及泥膜基本性质 ·················· 106
4.4　泥膜闭气试验 ·················· 109

第 5 章　高含水率废弃泥浆处理试验 ·················· 111
5.1　泥浆絮凝脱水评价指标及测试方法 ·················· 112
5.2　机械脱水 ·················· 116

第 6 章　废弃渣土资源化试验 ·················· 125
6.1　绿化用土 ·················· 126
6.2　道路填土材料 ·················· 129
6.3　预拌流态固化土 ·················· 132
6.4　砖制品 ·················· 135

第 7 章　刀具性能测试试验 ·················· 139
7.1　洛氏硬度试验 ·················· 140
7.2　硬质合金抗弯强度试验 ·················· 142
7.3　盾构刀具焊缝检验 ·················· 146
7.4　晶粒度检测 ·················· 149
7.5　刀具尺寸测量 ·················· 155
7.6　滚刀尺寸测量 ·················· 156
7.7　机械破岩试验平台 ·················· 157

第 8 章　其他材料试验 ·················· 159
8.1　克泥效 ·················· 160
8.2　衡盾泥 ·················· 161

8.3　油脂 ··· 162
　　8.4　堵漏剂 ·· 163

第 9 章　微观试验 ··· 165
　　9.1　X 射线荧光光谱仪测试（XRF） ································· 166
　　9.2　电镜扫描测试（SEM） ··· 166
　　9.3　X 射线衍射试验（XRD） ·· 167
　　9.4　压汞试验（MIP） ·· 168
　　9.5　红外光谱测试（FT‑IR） ··· 169

第 10 章　其他隧道相关大型试验仪器 ······································ 171
　　10.1　隧道超前地质预报系统 ·· 172
　　10.2　土工离心机 ··· 176

参考文献 ·· 183

第 1 章

土与岩的基本性质试验

1.1 土的基本性质试验

1.1.1 含水率试验

土的含水率定义为试样在105~110℃烘至恒量时所去的水质量和干土质量的比值,以百分数表示。土体含水率是土的基本物理性质指标之一,该指标反映土的干、湿状态。土体含水率高低与黏性土的强度和压缩性具有密切的关系。土体在各种状态下的含水率是计算密度、孔隙比、饱和度等物理性质指标的依据。

一、试验目的

试验目的为测定土的含水率。室内试验的标准方法为烘干法,适用于粗粒土、细粒土和有机质土。

二、仪器设备

(1) 电热鼓风干燥箱:一般要求在50~200℃范围内能在任一点保持一定恒温范围。通常恒温范围在105~110℃,控制温度的精度高于±2℃(见图1-1);

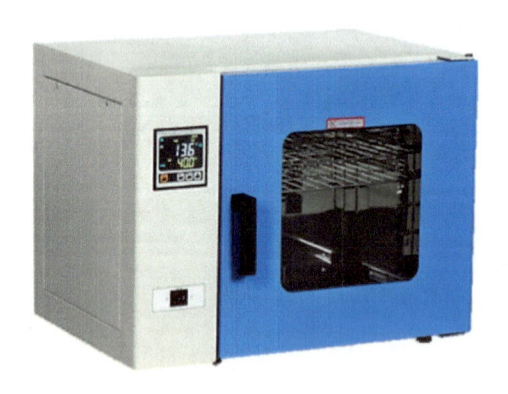

图1-1 DHG-9245A电热鼓风干燥箱

(2) 电子天平:称量200 g,分度值0.01 g;

(3) 电子台秤:称量5 000 g,分度值1 g;

(4) 其他:干燥器、称量盒(铝盒)等。

三、试样制备

取有代表性试样:细粒土 15~30 g,砂类土 50~100 g,砂砾石 2~5 kg。

四、试验步骤

(1) 将试样放入质量为 m_0 的称量盒内,盖上盒盖,称盒加湿土质量 m_1。细粒土、砂类土称量应准确至 0.01 g,砂砾石称量应准确至 1 g;

(2) 揭开盒盖,将试样和称量盒放入烘箱,在 105~110℃下烘至恒重。在设定温度下烘至恒重所需时间由土类和烘箱构造决定。一般砂土约需 1~2 h,粉土和粉质黏土约 6~8 h,黏土约 10 h,对含有机质超过干土质量 5%的有机质土,用 65~70℃烘干 48 h 以上;

(3) 将烘干后的试样和称量盒取出,盖好盒盖放入干燥器内冷却至室温,称盒加干土质量 m_2;

(4) 按上述步骤进行两次平行试验,测定土样的含水率,在差值允许范围内取其算术平均值作为该土样的含水率,最大允许平行差值应符合表 1-1 规定。

表 1-1 含水率测定的最大允许平行差值

含水率 ω(%)	最大允许平行差值(%)
<10	±0.5
10~40	±1.0
>40	±2.0

五、结果整理

(1) 试样的含水率按下式计算:

$$\omega = \frac{m - m_s}{m_s} \times 100\% = \frac{m_1 - m_2}{m_2 - m_0} \times 100\% \qquad (1.1\text{-}1)$$

式中:m——湿土质量(g);

m_s——干土质量(g);

m_0——盒质量(g);

m_1——盒+加湿土质量(g);

m_2——盒+加干土质量(g)。

（2）试验记录表格如表 1-2 所示。

表 1-2　含水率试验

工程名称：　　　　　　　　　　　　　试验者：
土样编号：　　　　　　　　　　　　　计算者：
试验日期：　　　　　　　　　　　　　校核者：

试样编号	试样名称	盒号	盒质量 $m_0(g)$	盒+湿土质量 $m_1(g)$	盒+干土质量 $m_2(g)$	湿土质量 $m_1-m_0(g)$	干土质量 $m_2-m_0(g)$	含水率 $\omega(\%)$	均值 $\overline{\omega}(\%)$

六、说明

（1）含水率试验方法还包括酒精燃烧法、炒干法、微波炉快速烘干法等其他方法。

（2）对于有机质含量不大于干土质量的 10% 的冻土，也可采用烘干法测定其含水率，当有机质含量在 5%～10% 之间时，应注明有机质含量。试验步骤参照《土工试验方法标准》(GB/T 50123—2019) 中的冻土含水率试验。

（3）土的天然含水率与土的种类、埋藏条件及所处的自然地理环境有关，不同土的天然含水率变动范围很大。如：砂土含水率 0%～40%，一般干的粗砂土其含水率接近于零，而饱和砂土的含水率则可以达 40%；坚硬黏土的含水率可小于 30%，而饱和软黏土（如淤泥）的含水率可以达 60% 或更大；我国内地曾发现一种泥炭土，其含水率甚至高达 600%。

（4）平行试验的含水率误差允许范围的规定，是针对均匀的同一块土样在试验过程中取两个试样测定含水率时产生的试验误差。对于不均匀土取样做含水率试验结果，样筒上下水在重力作用下重新分布使含水率差值增大，可适当放宽平行试验结果的差值允许范围。特别是在一个样筒的不同水位取样做含水率试验，可以有较大的差值。

（5）含水率测定中的误差来源和注意事项如下：

① 零点漂移。将天平放在平整结实的台板上，保持天平表面干燥、无振动。天平表面的温度变化小，相对湿度低于 75%，不能放置高温发热物体。电子天平要开机预热 30 min，用标准砝码校验后，才能作为测量工作器具；

② 铝盒质量改变。试验过程中禁止用铁刀等硬物刮铝盒，试验后将铝盒洗净晾干放置，试验前烘干铝盒。规范要求每隔 3～6 个月测定铝盒质量；

③ 试样的代表性不够。特别对于成层的土样以及粗细混合的土样,取样要有代表性,并保证土样中间与外围、顶部与底部等各部位都有;

④ 试样数量太少。如试样较多,所得结果的准确性高一些;

⑤ 装土时,有部分土掉出盒外或留在盒外(土没有装干净);

⑥ 称湿土前水分蒸发或者称干土前试样吸水;

⑦ 试样含水率尚未达到恒值就从烘箱中取出;

⑧ 土样中含有机质。有机质在温度较高时发生分解和碳化,使测得的含水率偏高。当土体中有机质含量超过5%时,需降低烘干温度。

1.1.2 密度试验

土的密度是指单位体积土的质量,是土的基本物理性质指标之一。土体密度大小与土的松紧程度、压缩性、抗剪强度等均有密切联系。密度测试也是土体相对密实度等物理指标的测试方法,通常采用环刀法或蜡封法。

室内直接测量的密度为湿密度(原状土称作天然密度),用 ρ 表示。工程中常用的土体在不同状态下的密度有干密度 ρ_d、饱和密度 ρ_{sat} 等,除湿密度以外,其他密度均是计算指标,直接由土的含水率、湿密度和土粒比重计算得到。

环刀法

一、试验目的

适用于测定容易成型的砂土、粉土和黏性土试样的湿密度(天然密度)。

二、仪器设备

(1) 环刀:内径6~8 cm,高2~3 cm。尺寸参数应符合国家现行标准《岩土工程仪器基本参数及通用技术条件》(GB/T 15406—2007)及《土工试验仪器环刀》(SL 370—2006)的规定,常用环刀体积为60 cm³(见图1-2);

(2) 天平:称量500 g,分度值0.1 g。也可用称量200 g,分度值0.01 g的天平;

(3) 其他:切土刀、凡士林等。

图 1-2 环刀

三、试样制备

待测试的代表性原状土或制备的扰动土样。

四、试验步骤

（1）取原状土或制备的扰动土样，整平两端，在环刀内壁涂一薄层凡士林，刃口向下放在土样上；

（2）将环刀垂直向下压至刃口深处，用切土刀将试样切成略大于环刀直径的土柱后，边压边削，直至土样伸出环刀顶部，将两端余土削平，用切下的代表性土样测定含水率 ω；

（3）擦净环刀外壁，称环刀加土的质量 m_1，准确至 0.1 g；

（4）按 1 至 3 的步骤进行两次平行测定，其平行差不得大于 0.03 g/cm³，取其算术平均值作为试验结果。

五、结果整理

（1）按下两式计算试样密度和干密度：

$$\rho = \frac{m_1 - m_0}{V} \tag{1.1-2}$$

$$\rho_d = \frac{\rho}{1 + 0.01\omega} \tag{1.1-3}$$

式中：ρ——试样密度（g/cm³）；

ρ_d——试样干密度（g/cm³）；

m_1——环刀+试样质量（g）；

m_0——环刀质量（g）；

V——环刀容积（cm³）；

ω——试样含水率（％）。

（2）试验记录表格如表 1-3 所示。

表 1-3　环刀法测密度

工程名称：　　　　　　　　　　　试验者：

土样编号：　　　　　　　　　　　计算者：

试验日期：　　　　　　　　　　　校核者：

试样编号	试样类别	环刀号	环刀质量 m_0(g)	环刀体积 V(cm³)	环刀+试样质量 m_1(g)	试样质量 m_1-m_0(g)	试样密度 ρ(g/cm³)	平均密度 $\bar{\rho}$(g/cm³)	试样含水率 ω(％)	试样干密度 ρ_d(g/cm³)

蜡封法

一、试验目的

测定环刀不能切取的坚硬、易碎裂、形状不规则或难以切削成型的土样密度。

二、仪器设备

(1) 蜡封设备:应附熔蜡加热器(见图1-3);

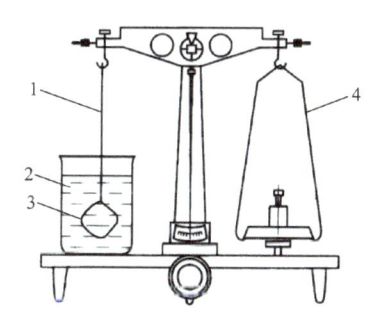

图 1-3　蜡封法称量装置示意图

1-细线;2-烧杯;3-蜡封试样;4-天平

(2) 天平:称量500 g,分度值0.1 g。也可用称量200 g,分度值0.01 g的天平;

(3) 其他:切土刀、蜡、温度计、纯水、烧杯、细线、针等。

三、试样制备

用切土刀切取约30 cm³的试样,并削去松浮表土及尖锐棱角。

四、试验步骤

(1) 将试样系于细线上称量其质量m,准确至0.01 g,并取代表性试样测定含水率;

(2) 持线将试样徐徐浸入刚过熔点的蜡中,待全部沉浸后,立即将试样提出,检查涂在试样四周的蜡中有无气泡存在。如有气泡,应用热针刺破,涂平孔口。冷却后称蜡封试样质量m_1,准确至0.1 g;

(3) 用线将试样吊在天平一端,并使试样浸没于纯水中,称量此时土加蜡质量m_2,准确至0.1 g,测量并记录纯水温度;

(4) 取出试样,擦干蜡表面的水后再称量一次,检查试样中是否有水浸入,如有水浸入,试验重做;

(5) 按上述步骤进行两次平行试验,其平行差不得大于 0.03 g/cm³,取其算术平均值作为试验结果。

五、结果整理

(1) 按下式计算试样密度:

$$\rho = \frac{m}{\dfrac{m_1 - m_2}{\rho_{wt}} - \dfrac{m_1 - m}{\rho_n}} \tag{1.1-4}$$

式中:ρ——试样密度(g/cm³);

m——湿土质量(g);

m_1——土+蜡质量(g);

m_2——土+蜡在水中质量(g);

ρ_{wt}——纯水在 t℃时的密度(g/cm³);

ρ_n——蜡的密度(g/cm³)。

(2) 试验记录表格如表 1-4 所示。

表 1-4 蜡封法测密度

工程名称: 试验者:

土样编号: 计算者:

试验日期: 校核者:

湿土质量 m(g)	土+蜡质量 m_1(g)	土+蜡在水中质量 m_2(g)	水温(℃)	纯水在 t℃时的密度 ρ_{wt}(g/cm³)	蜡的密度 ρ_n(g/cm³)	试样密度 ρ(g/cm³)	平均密度 $\bar{\rho}$(g/cm³)

六、说明

(1) 密度试验最常用的方法是环刀法,只有在环刀法不能应用时才采用其他试验方法;灌砂法和灌水法一般用于现场密度试验,特别对于建筑垃圾填土、砾类土、二灰土、结石土等。

（2）密度试验的精度主要取决于取样过程中对土样的扰动程度、环刀体积是否准确、水的纯度、标准砂密度精确性等因素。蜡封法的关键是确保在水下称量时蜡密封面不漏水。

（3）密度试验要求进行两次平行试验,平行误差小于 0.03 g/cm³ 时,取平均值作为结果,否则重做,这一要求是对均质土试验过程中随机误差的控制标准。对不均匀土层,当两点土样有变化时,不受此限制,这时要给出该土层密度变化范围、均值、标准差等量,同时应增加试验数量。

1.1.3　比重试验

土粒比重定义为土粒在 105～110℃ 下烘至恒量时的质量与同体积 4℃ 时纯水质量的比值,该比值是无量纲的量。土粒比重由组成土粒的矿物成分所决定,因此,土粒比重大小间接反映了土粒的矿物成分,从而在一定程度上反映了土的力学性质。土粒比重也是计算土的换算指标的一个必不可少的物理量。

土粒比重测试包括测量土粒质量 m_s、土粒体积 V_s 和水温三个参数。土粒质量和水温易于测量,土粒体积通常采用排开液体体积的方法测试。本节试验包含比重瓶法、浮称法和虹吸筒法。

比重瓶法

一、试验目的

测定粒径小于 5 mm 的土粒比重。

二、仪器设备

（1）比重瓶:容量 100 mL 或 50 mL,分长颈和短颈两种(见图 1-4);

（2）天平:称量 200 g,分度值 0.001 g;

（3）恒温水槽:最大允许误差应为 ±1℃(见图 1-5);

（4）砂浴:应能调节温度;

（5）真空抽气设备:真空度 −98 kPa;

（6）温度计:测量范围 0～50℃,分度值 0.5℃;

（7）其他:孔径 2 mm 及 5 mm 分析筛、烘箱、纯水、中性液体(如煤油等)、漏斗、滴管。

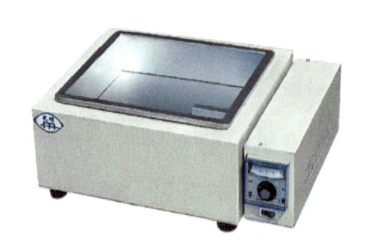

图 1-4　比重瓶　　　　　　图 1-5　DK-2 恒温电砂浴锅

三、试样制备

取烘干土约 15 g(如用 100 mL 比重瓶)或 12 g(如用 50 mL 比重瓶)。

四、试验步骤

(1) 参照《土工试验方法标准》(GB/T 50123—2019)7.2.2 对比重瓶校准；

(2) 将比重瓶烘干，称得瓶质量 m_0，将烘干土放入比重瓶内，称瓶加土粒质量 m_1；

(3) 为排除土中的空气，将已装有干土的比重瓶，注入纯水至瓶的一半处，摇动比重瓶，并将比重瓶放在砂浴上煮沸。煮沸时间自悬液沸腾时算起，砂及砂质粉土应不少于 30 min，黏土及粉质黏土不少于 1 h。煮沸时应注意悬液不要溢出瓶外；

(4) 对于煮沸时易跳出的砂土及用中性液体做试验时不能用煮沸法排气的含易溶盐和有机质的土，可用真空抽气法代替煮沸法排除土中空气。抽气时真空度须接近 1 个大气压，从达到近 1 个大气压的稳定值算起，抽气时间一般为 1~2 h，直至悬液内无气泡逸出时为止；

(5) 将纯水注入比重瓶(如土中含有易溶盐、亲水性胶体或有机质，应用煤油等中性液体替代纯水测定)，对长颈比重瓶，注水至略低于瓶的刻度处，然后用滴管调整液面至刻度处。对短颈比重瓶，加水至近满，待瓶上部悬液澄清，塞好瓶塞，使多余水分自瓶塞毛细管中溢出。擦干瓶外水分后，称瓶、水、土质量之和 m_2，测量瓶内水温；

(6) 根据测定的水温，由已绘制的温度与瓶、水总质量关系曲线中查出瓶、水总质量 m_3；

(7) 进行两次平行测定，平行差小于 0.02 时，取其算术平均值。试验称量应准确至 0.001 g,温度应准确至 0.5℃。

五、结果整理

(1) 按下式计算土粒比重：

$$G_s = \frac{m_1 - m_0}{m_3 + m_s - m_2} \times G_{wt} \tag{1.1-5}$$

式中：G_s——土粒比重；

m_1——瓶+干土质量(g)；

m_2——瓶、液体、土总质量(g)；

m_3——瓶、液体总质量(g)；

m_0——瓶质量(g)；

G_{wt}——水温 t℃时纯水(液体)比重；

m_s——干土质量(g)。

(2) 试验记录表格如表 1-5 所示。

表 1-5　比重试验(比重瓶法)

工程名称：　　　　　　　　　　　试验者：

土样编号：　　　　　　　　　　　计算者：

试验日期：　　　　　　　　　　　校核者：

试样编号	比重瓶号	水温(℃)	水温 t℃时纯水(液体)比重 G_{wt}	瓶质量 m_0(g)	瓶+干土质量 m_1(g)	瓶、液、土总质量 m_2(g)	瓶、液体总质量 m_3(g)	土粒比重 G_s	比重均值 $\overline{G_s}$	备注

浮称法

一、试验目的

测定粒径大于 5 mm 且粒径大于 20 mm 的颗粒含量小于 10% 的土粒比重。

二、仪器设备

(1) 铁丝筐：孔径小于 5 mm,直径为 10 cm～15 cm,高为 10 cm～20 cm；

（2）盛水容器：适合铁丝筐沉入；

（3）浮称天平或秤：称量 2 kg，分度值 0.2 g。也可用称量 10 kg，分度值 1 g 的天平（见图 1-6）；

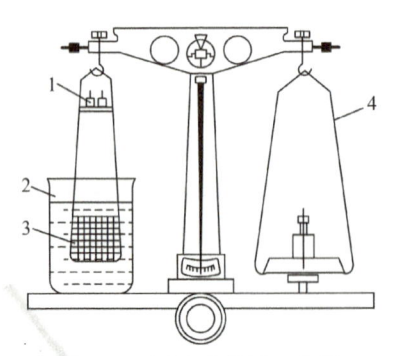

图 1-6　浮称法装置示意图

1-平衡砝码；2-烧杯；3-铁丝筐；4-天平

（4）其他：烘箱、温度计、孔径 5 mm 及 20 mm 的土工筛等。

三、试样制备

取代表性试样 500～1 000 g（当采用秤称时，称取 1～2 kg），试样粒径应大于 5 mm 且粒径大于 20 mm 的颗粒含量小于 10%。

四、试验步骤

（1）将试样彻底冲洗，使表面无尘土和其他污物；

（2）将试样浸在水中 24 h 后取出，立即放入铁丝筐，缓缓浸没于水中，并在水中摇晃，直至无气泡溢出为止；

（3）称铁丝筐和试样在水中总质量，得到 m_2；

（4）称铁丝筐在水中质量，得到 m_1，精确至 0.2 g，同时测量容器中水的温度，精确至 0.5℃；

（5）取出试样烘干称量得到干土质量 m_s；

（6）按式 1.1-6 计算土粒比重，平行测定两次，当平行差小于 0.02 时，取算术平均值作为最后结果。

五、结果整理

（1）按下式计算土粒比重：

$$G_s = \frac{m_s}{m_s - (m_2 - m_1)} \times G_{wt} \qquad (1.1-6)$$

式中：G_s——土粒比重；

m_s——土粒质量(g)；

m_1——铁丝筐在水中质量(g)；

m_2——试样+铁丝筐在水中质量(g)；

G_{wt}——水温 t℃时纯水(或液体)比重。

（2）试验记录表格如表 1-6 所示。

表 1-6　比重试验(浮称法)

工程名称：　　　　　　　　　　　　试验者：

土样编号：　　　　　　　　　　　　计算者：

试验日期：　　　　　　　　　　　　校核者：

试样编号	水温(℃)	水温 t℃时纯水(或液体)比重 G_{wt}	土粒质量 m_s(g)	铁丝筐在水中质量 m_1(g)	试样+铁丝筐在水中质量 m_2(g)	土粒比重 G_s	比重均值 $\overline{G_s}$	备注

虹吸筒法

一、试验目的

测定粒径大于 5 mm 且粒径大于 20 mm 的颗粒含量大于 10% 的土粒比重。

二、仪器设备

（1）虹吸筒(见图 1-7)；

（2）台秤：称量 10 kg，分度值 1 g；

（3）量筒：容量 2 000 cm³；

（4）其他：烘箱、温度计、搅拌棒。

三、试样制备

取代表性试样 1 000~7 000 g，试样应满足粒径不小于 5 mm，且其中粒径不小于 20 mm 的颗粒含量大于 10%。

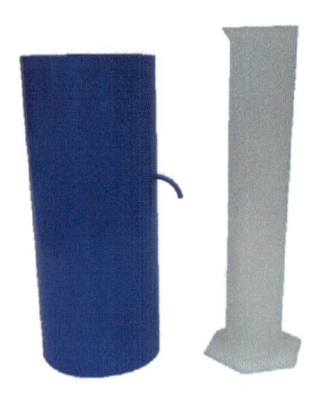

图 1-7　虹吸筒及量筒

四、试验步骤

(1) 将试样冲洗,直至颗粒表面无尘土和其他污物;

(2) 将试样浸在水中 24 h 后取出,晾干(或用布擦干)表面水分并称得晾干试样质量 m_1,称量筒质量 m_0;

(3) 注清水入虹吸筒,至管口有水溢出时停止注水。待管口不再有水流出后关闭管夹,将试样缓缓放入虹吸筒中,边放边搅至无气泡溢出时为止,搅动时勿使水溅出筒外;

(4) 待虹吸筒中水面平静后,开管夹,让试样排开的水通过虹吸管流入量筒中,称量筒加水质量 m_2,量测筒内水温,准确至 0.5℃;

(5) 取出虹吸筒内试样,烘干,称量得到土粒质量 m_s;

(6) 按式 1.1-7 计算土粒比重,进行两次平行试验,平行差小于 0.02 时,取算术平均值作为最后结果。

五、结果整理

(1) 按下式计算土粒比重:

$$G_s = \frac{m_s}{(m_2 - m_0) - (m_1 - m_s)} \times G_{wt} \qquad (1.1\text{-}7)$$

式中:G_s——土粒比重;

　　　m_s——烘干土质量(g);

　　　m_0——量筒质量(g);

m_1——晾干土质量(g)；

m_2——量筒加排开水质量(g)；

G_{wt}——水的比重。

（2）试验记录表格如表1-7所示。

表1-7 比重试验(虹吸筒法)

工程名称：　　　　　　　　　　试验者：

土样编号：　　　　　　　　　　计算者：

试验日期：　　　　　　　　　　校核者：

试样编号	水温（℃）	水的比重 G_{wt}	烘干土质量 m_s(g)	晾干土质量 m_1(g)	量筒质量 m_0(g)	量筒加排开水质量 m_2(g)	土粒比重 G_s	比重均值 $\overline{G}_s$	备注

六、说明

（1）当土体中大于20 mm到小于5 mm粒径均匀分布时，将土过5 mm筛，分成大于5 mm和小于5 mm的两个粒组，采用其中两种方法联合测定，并取两者的加权平均值作为最后结果。

（2）比重测试过程中各测量数字要有四位有效数字。水的比重取小数点后三位，它可以看作四位有效数字。

（3）土粒比重测试误差主要由以下因素引起：试样的代表性、试样的排气、液体比重、水温量测等，在试验前和操作过程中应加以注意。实际操作表明，虹吸筒法不易掌握，测试的随机误差较大，建议尽量少用。

1.1.4　颗粒分析试验

颗粒分析试验通过测定干土中各粒组含量占该土总质量的百分数，确定土的粒径分布范围。土的颗粒大小、级配和粒组含量是土的工程分类的重要依据。土粒大小与土的矿物组成、力学性质、形成环境等均有直接联系。因此，土的颗粒大小是土的重要特征。常用的试验方法有筛析法、密度计法和移液管法。

筛析法

一、试验目的

测定粒径 0.075～60 mm 的土的颗粒大小及级配情况。

二、仪器设备

(1) 试验筛:应符合现行国家标准《试验筛 技术要求和检验 第 1 部分:金属丝编织网试验筛》(GB/T 6003.1—2022)的规定。按孔径大小分粗筛和细筛两类,土工试验中常用的粗筛一般为圆孔,孔径为 60.0 mm、40.0 mm、20.0 mm、10.0 mm、5.0 mm、2.0 mm;细筛一般为方孔,等效孔径为2.0 mm、1.0 mm、0.5 mm、0.25 mm、0.1 mm、0.075 mm。

(2) 天平:称量 1 000 g,分度值 0.1 g;称量 200 g,分度值 0.01 g。

(3) 台秤:称量 5 kg,分度值 1 g。

(4) 振筛机:应符合行业标准《实验室用标准筛振荡机技术条件》(DZ/T 0118—1994)的规定。振筛机应能够在水平方向摇振、垂直方向拍击,摇振次数为 100～200 次/min,拍击次数为 50～70 次/min(见图 1-8)。

图 1-8 ZBSX-92A 型标准振筛机

(5) 其他:烘箱、量筒、漏斗、瓷杯、研钵、瓷盘、毛刷、匙、木碾。

三、试样制备

从风干的松散土样中,用四分法取代表性土样。取土数量按表 1-8 执行,应准确至 0.1 g,当试样质量大于 500 g 时,应准确至 1 g。

表 1-8　筛析法取土数量

最大粒径(mm)	≤2	≤10	≤20	≤40	>40
取样质量(g)	100～300	300～1 000	1 000～2 000	2 000～4 000	4 000 以上

四、试验步骤

（1）将试样过 2 mm 细筛，分别称出筛上和筛下土质量。若 2 mm 筛下的土小于试样总质量的 10%，则可省略细筛筛析。若 2 mm 筛上的土小于试样总质量的 10%，则可省略粗筛筛析；

（2）取 2 mm 筛上土倒入依次叠好的粗筛的最上层筛中，取 2 mm 筛下土倒入依次叠好的细筛的最上层筛中。用振筛机充分筛析至各筛上土粒直径大于筛孔孔径，振摇时间应为 10～15 min；

（3）由最大孔径开始，顺序将各筛取下，在白纸上用手轻叩摇晃筛，当仍有土粒漏下时，应继续轻叩摇晃筛，至无土粒漏下为止。漏下的土粒应全部放入下级筛内，准确至 0.1 g，各筛上土质量之和与总土质量之差不得大于总土质量的 1%；

（4）按式 1.1-8 和式 1.1-9 计算粒组含量和累积含量，以小于某粒径的试样质量占试样总质量的百分数为纵坐标，颗粒粒径为横坐标，在单对数坐标上绘制颗粒大小分布曲线，分析土的级配并根据规范定名；

（5）对于含有黏土粒的砂砾土，应将土样放在橡皮板上，用木碾将黏结的团块充分碾散，用四分法称取代表性土样，置于盛有清水的瓷盆中，浸泡并搅拌，使粗细颗粒分散，将浸润后的混合液过 2 mm 筛，风干并称量筛上的砂砾土。用带橡皮头的研杵研磨粒径小于 2 mm 的混合液过 0.075 mm 筛，再加清水、搅拌、研磨、静置、过筛，反复直至盆内悬液澄清，直到筛上仅留粒径大于 0.075 mm 净砂为止。

五、结果整理

（1）粒组含量和累积含量计算公式：

粒组含量 P：

$$X = \frac{m_i}{m} \times 100\% \tag{1.1-8}$$

累积含量 X：

$$P = \frac{m_A}{m} \times 100\% \tag{1.1-9}$$

式中：P——某粒组百分含量(%)；

X——小于某粒径土粒占总土质量百分含量(%)；

m——试样总质量(g)；

m_i——某粒组土粒质量(g)；

m_A——小于某粒径土粒质量(g)。

(2)试验记录表格如表1-9所示。

表1-9 颗分试验(筛析法)

工程名称： 试验者：

土样编号： 计算者：

试验日期： 校核者：

风干土质量： 2 mm筛上土质量： 2 mm筛下土质量：

筛孔径(mm)									
筛上土质量(g)									
粒组含量 P(%)									
累积含量 X(%)									

密度计法

一、试验目的

测定粒径小于0.075 mm的土的颗粒大小及级配情况。

二、仪器设备

(1)密度计：常用密度计分两种①甲种密度计，刻度单位以20℃时每1 000 mL悬液内所含土质量的克数表示，刻度为－5～50，分度值为0.5；②乙种密度计，刻度单位以20℃时悬液的比重表示，刻度为0.995～1.020，分度值为0.000 2(见图1-9)。

(2)量筒：有效容积1 000 cm³，内径60 mm，高450 mm。

(3)分析天平：称量200 g，分度值0.01 g。

(4)其他：温度计、搅拌器、煮沸设备(砂浴)、分

图1-9 密度计法示意图

散剂、纯水、秒表等。

(5) 分散剂：浓度 4％六偏磷酸钠，6％双氧水（过氧化氢），1％硅酸钠。

(6) 水溶盐检验试剂：10％盐酸，5％氯化钡，10％硝酸，5％硝酸银。

三、试样制备

宜采用风干（烘干）土试样，充分碾散土样，过 2 mm 筛，并应按下式计算试样干质量为 30 g 时所需的风干土质量：

$$m = m_s(1 + 0.01\omega) \tag{1.1-10}$$

式中：m——风干土质量（g），计算至 0.01；

m_s——密度计分析所需干土质量（g）；

ω——风干土的含水率（％）。

四、试验步骤

(1) 将制备好的试样倒入三角烧瓶中，注入大约 200 cm³ 的纯水浸泡 18 h 以上（如用天然含水率土样直接进行颗粒分析试验，可不浸泡或缩短浸泡时间）。稍加摇荡以后，砂浴煮沸。从沸腾时开始计时，黏土与不易分散的土煮 1 h 左右，其他土不少于 0.5 h；

(2) 试样冷却后全部倒入量筒中，加入 10 cm³ 的分散剂（浓度 4％的六偏磷酸钠或 6％的双氧水或 1％的硅酸钠），然后加清水至 1 000 cm³；

(3) 用搅拌器在量筒中沿整个悬液深度上下搅拌大约 1 min，往复各 30 次，使悬液内土粒分布均匀；

(4) 取出搅拌器，同时开动秒表，测经过 1 min、2 min、5 min、15 min、30 min、60 min、120 min、1 440 min 时的密度计读数。甲种密度计读数记作 Ri，乙种密度计读数记作 Ri'。每次测前 15s 左右将密度计放入量筒，读完后即取出密度计。读数时，密度计浮泡不得贴近量筒壁，其读数为弯液面爬高最高点读数。甲种密度计估读至 0.5，乙种密度计估读至 0.000 2。读完后测量悬液温度，精确至 0.5 ℃；

(5) 如试验完成后发现第一次读数时，下沉土粒已超过总土质量的 15％时，密度计法颗粒分析试验完成后，将量筒中的土用 0.075 mm 分析筛进行洗筛，然后按筛析法进行大于 0.075 mm 粗粒土的粒径分析试验；

(6) 按式 1.1-11～式 1.1-15 计算小于某粒径的试样质量占试样总质量百分数和粒径。土粒比重校正值、温度校正值和粒径计算系数 K 参照规范《土工

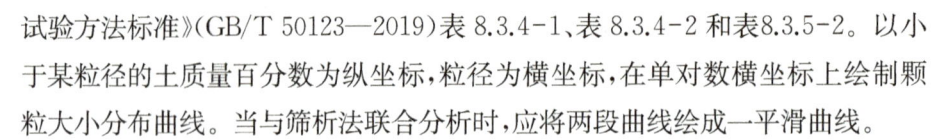

试验方法标准》(GB/T 50123—2019)表 8.3.4-1、表 8.3.4-2 和表 8.3.5-2。以小于某粒径的土质量百分数为纵坐标,粒径为横坐标,在单对数横坐标上绘制颗粒大小分布曲线。当与筛析法联合分析时,应将两段曲线绘成一平滑曲线。

五、结果整理

(1) 粒组含量计算公式:

甲种密度计:

$$X = \frac{100}{m_s} C_s (Ri + m_T + n_w - C_D) \tag{1.1-11}$$

$$C_s = \frac{\rho_s}{\rho_s - \rho_{w20}} \cdot \frac{2.65 - \rho_{w20}}{2.65} \tag{1.1-12}$$

式中:C_s——土粒比重校正值;

　　　Ri——甲种密度计读数;

　　　m_T——温度校正值;

　　　n_w——弯液面校正值;

　　　C_D——分散剂校正值;

　　　ρ_s——土粒密度(g/cm³);

　　　ρ_{w20}——20℃时水的密度(g/cm³);

　　　m_s——干土质量(g)。

乙种密度计:

$$X = \frac{100V}{m_s} C'_s [(Ri' - 1) + m'_T + n'_w - C'_D] \rho_{w20} \tag{1.1-13}$$

$$C'_s = \frac{\rho_s}{\rho_s - \rho_{w20}} \tag{1.1-14}$$

式中:Ri'——乙种密度计读数;

　　　m'_T——温度校正值;

　　　n'_w——弯液面校正值;

　　　C'_D——分散剂校正值;

　　　C'_s——土粒比重校正值;

　　　V——悬液体积(mL)。

(2) 粒径计算公式：

$$d = K\sqrt{\frac{L_t}{t}} \tag{1.1-15}$$

式中：d——粒径(mm)；

L_t——t 时间内的粒沉降距离(cm)；

t——沉降时间(s)；

K——粒径计算系数，与悬液温度和土粒比重有关。

(3) 试验记录表格如表 1-10 所示。

表 1-10 颗分试验(密度计法)

工程名称：　　　　　　　　　　　试验者：

土样编号：　　　　　　　　　　　计算者：

试验日期：　　　　　　　　　　　校核者：

干土质量：　　　小于 0.075 mm 土粒质量：　　　悬液体积：

分散剂类型：　　　土粒比重：　　　　　　　　密度计型号：

试验时间	下沉时间 t(min)	悬液温度 T(℃)	密度计读数 R_i	弯液面校正值 n_w	温度校正值 m_T	分散剂校正值 C_D	土粒落距 L(cm)	粒径 d (mm)	小于 d_i 土粒百分含量 X(%)

移液管法

一、试验目的

测定粒径小于 0.075 mm 的土的颗粒大小及级配情况。

二、仪器设备

(1) 移液管：容积 25~30 cm³(见图 1-10)；

(2) 小烧杯：容积 50 mL；

(3) 天平：称量 200 g，分度值 0.001 g；

(4) 其他：同密度计法仪器设备的 3、4 条。

三、试样制备

取代表性试样，黏土为 10~15 g，砂土为 20 g，按密度

图 1-10 移液管

计法中的步骤制备试样悬液。

四、试验步骤

(1) 将搅拌器取出,同时记录下时间,测量悬液温度。按式1.1-15推算粒径小于0.05 mm、0.01 mm、0.005 mm、0.002 mm 和其他所需粒径下沉一定深度(通常用 10 cm)所需时间 t_i;

(2) 在每个需要时间 t_i 用移液管在预定深度(如 10 cm)处吸取 25 cm³悬液,每次吸取悬液后都应重新搅拌;

(3) 将吸取一定体积(25 cm³)的悬液放入烧杯内使水分蒸发,然后在105℃下烘干、称量,准确至 0.001 g;

(4) 按公式 1.1-16 计算土中小于某粒径土质量百分数。

五、结果整理

(1) 粒组含量计算公式:

$$X = \frac{m_{si}V}{V_i m_s} \times 100 \qquad (1.1\text{-}16)$$

式中:m_s——总试样干土质量(g);

m_{si}——移液管吸出悬液中干土质量(g);

V——悬液总体积(cm³);

V_i——移液管吸出悬液体积(cm³)。

(2) 试验记录表格如表 1-11 所示。

表 1-11 颗分试验(移液管法)

工程名称:　　　　　　　　　　试验者:

土样编号:　　　　　　　　　　计算者:

试验日期:　　　　　　　　　　校核者:

干土质量:　　　小于 0.075mm 土粒质量:　　　悬液总体积:

分散剂类型:　　　土粒比重:　　　移液管体积:

粒径 d (mm)	杯号	杯质量 (g)	杯+土质量 (g)	吸取土质量 m_{si}(g)	小于某粒径土占总土百分数 X(%)	备注
<0.05						
<0.01						
<0.005						
<0.002						

六、说明

（1）若土中粗细兼有，可联合使用筛析法及密度计法或移液管法。

（2）试样中易溶盐含量大于总质量的 0.5% 时，应洗盐。易溶盐含量检验可用电导法或目测法，具体操作流程参照《土工试验方法标准》（GB/T 50123—2019）8.3 密度计法试验。

1.1.5 渗透试验

水在土体孔隙中流动的现象称为渗流，土具有被水等液体透过的性质称为土的渗透性。土的渗透系数是评价土的渗透性大小，计算水工建筑物渗流量的基本物理参数。常用的试验方法包含常水头和变水头两类试验。

常水头试验

一、试验目的

测定渗透系数较大的粗粒土（砂质土）的渗透系数。

二、仪器设备

（1）常水头渗透装置：封底圆筒的尺寸参数应符合现行国家标准《岩土工程仪器基本参数及通用技术条件》（GB/T 15406—2007）的规定。当使用其他尺寸的圆筒时，圆筒内径应大于试样最大粒径的 10 倍，玻璃测压管内径为 0.6 cm，分度值为 0.1 cm（见图 1-11）；

（2）天平：称量 5 000 g，分度值 1.0 g；

（3）温度计：分度值 0.5 ℃；

（4）其他：木槌、秒表。

三、试样制备

取代表性风干土样 3～4 kg，称重精确至 1.0 g，并测定风干含水率。

四、试验步骤

（1）安装常水头渗透仪，检查各管与试样筒接头处是否漏水。将调节管与供水管相连，由仪器底部充水至水位达到金属透水板顶面时，放入滤纸，关止水夹；

（2）将试样分层装入仪器，根据预定孔隙比控制试样密度。每层装完后从调节管进水至试样顶面。最后一层应高出上测压管孔 3～4 cm。待最后一层试样饱和后，继续使水位上升至圆筒顶面。将调节管卸下，使管口高于圆

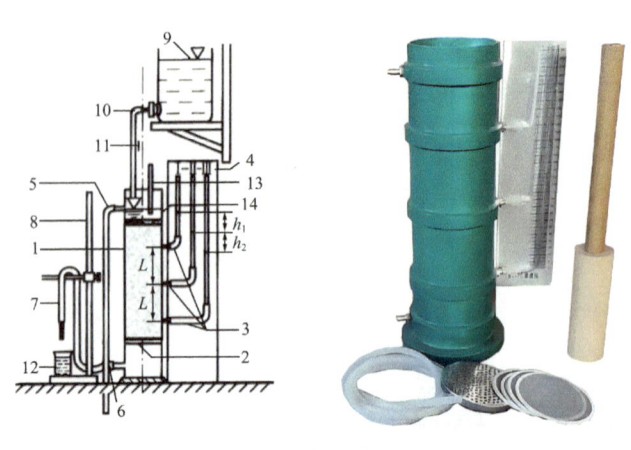

图 1-11　70 型渗透装置及实物图

1—金属筒；2—金属孔板；3—测压孔；4—测压管；5—溢水孔；6—排水孔；7—调节管；8—滑动支架；
9—供水瓶；10—供水管；11—止水夹；12—量筒；13—温度计；14—砾石层；h_1—测压管Ⅰ、Ⅱ的水位差(cm)；
h_2—测压管Ⅱ、Ⅲ的水位差(cm)；L—渗径长度(cm)

筒顶面，观察三个测压管水位是否与孔口齐平；

（3）量测试样顶面至筒顶余高，计算出试样高度。称量剩余土样，计算出装入试样质量，计算试样干密度和孔隙比；

（4）供水管向圆筒顶面供水，使水面始终保持与渗透仪顶面齐平（试验操作表明保持水位与溢水孔面齐平较困难），同时降低调节管高度，形成自上向下方向的渗流。固定调节管在某一高度，过一段时间后，三个测压管水位达到稳定值，表明形成稳定渗流场；

（5）记录三个测压管水位 H_1, H_2, H_3。测压管Ⅰ和Ⅱ的水位差为 $h_1 = H_1 - H_2$，测压管Ⅱ和Ⅲ的水位差为 $h_2 = H_2 - H_3$。计算渗径长度为 $L = 10 \text{ cm}$ 的平均水位差 $h = (h_1 + h_2)/2 = (H_1 - H_3)/2$；

（6）开启秒表，用量筒接取经过一段时间 t 的渗流量 Q，并量测渗透水的水温 T℃；

（7）改变调节管的高度，达到渗透稳定后，重复 6~7 的步骤，平行进行 5~6 次试验，按式 1.1-17 和式 1.1-18 计算每次量测的水温 T℃时的渗透系数 k。

五、结果整理

（1）常水头渗透系数计算公式：

$$k_T = \frac{2QL}{At(h_1 + h_2)} \tag{1.1-17}$$

$$k_{20}=k_T \cdot \frac{\eta_T}{\eta_{20}} \qquad (1.1\text{-}18)$$

式中：k_T——水温 T℃时试样的渗透系数(cm/s)；

Q——时间 t 秒内的渗透水量(cm^3)；

L——渗径(cm)，等于两测压孔中心间的试样高度；

A——试样的断面积(cm^2)；

t——时间(s)；

h_1、h_2——水位差(cm)；

k_{20}——标准温度(20℃)时试样的渗透系数(cm/s)；

η_T——T℃时水的动力黏滞系数(1×10^{-6} kPa·s)；

η_{20}——20℃时水的动力黏滞系数(1×10^{-6} kPa·s)。

η_T/η_{20} 与温度的关系应按《土工试验方法标准》(GB/T 50123—2019)表 8.3.5-1 执行。

（2）试验记录表格如表 1-12 所示。

表 1-12　常水头法渗透试验

工程名称：　　　　　　　　　　试验者：

土样编号：　　　　　　　　　　计算者：

试验日期：　　　　　　　　　　校核者：

试样高度：　　　干土质量：　　　测压管间距：

试样面积：　　　土粒比重：　　　试样孔隙比：

试验次数	时间 t(s)	测压管水位(cm)			水位差(cm)			水力梯度 i	渗流量 $Q(cm^3)$	渗透系数 k_T(cm/s)	水温 T(℃)	20℃渗透系数 k_{20}(cm/s)	平均渗透系数 $\bar{k}_{20}$(cm/s)
		Ⅰ管	Ⅱ管	Ⅲ管	h_1	h_2	均值						
1													
2													
3													

变水头试验

一、试验目的

测定渗透系数较小的细粒土（黏质土和粉质土）的渗透系数。

二、仪器设备

(1) 变水头装置:变水头管的内径,根据试样渗透系数选择不同尺寸,且不宜大于 1 cm,长度为 1.0 m 以上,分度值为 1.0 mm(见图 1-12);

(2) 渗透容器(55 型渗透仪):由环刀、透水板、套筒及上、下盖组成(见图 1-13);

(3) 其他:切土器、秒表、温度计、削土刀、凡士林。

三、试样制备

变水头渗透试验的试样分原状试样和扰动试样两种,其制备方法分别为:

(1) 原状试样:根据要测定的渗透系数的方向,用环刀在垂直或平行土层面方向切取原状试样(试样两端削平即可,禁止用削土刀反复涂抹),放入饱和器内抽气饱和(或采用其他方法饱和)。

(2) 扰动试样:当干密度较大(ρ_d>1.40 g/cm³)时用饱和度较低的(Sr≤80%)土压实或击实制样;当干密度较低时,使试样泡于水中饱和后,制成需要干密度的饱和试样。

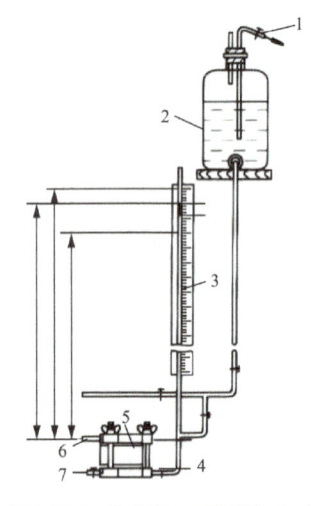

1-接水源;2-供水瓶;3-测压管;4-止水夹;5-渗透仪;6-出水口;7-排气管。

图 1-12 变水头试验装置　　图 1-13 55 型渗透仪

四、试验步骤

(1) 将盛有试样的环刀套入护筒,装好各部位止水圈。注意试样上下透水石和滤纸,按先后顺序装好,盖上顶盖,拧紧顶部螺丝,不得漏水漏气。

(2) 把装好试样的渗透仪进水口与测压管相连。注意及时向测压管中补充水源,补水时关闭进水口。

(3) 在向试样渗透前,先由底部排气嘴出水,排除底部空气至排气嘴无气泡时,关闭排气嘴,水自下向上渗流,由顶部出水管排水。

(4) 待出水管有水流出后,开始测定试验数据。记录 t_1 时刻上下游水位差 h_1, t_2 时刻上下游水位差 h_2。改变测压管中水位(通过进水管补充水),进行 5~6 次平行试验。记录测压管内截面积为 a,并量测渗透水温 T。

(5) 由式 1.1-19 计算出水温 T℃时渗透系数 k_T。由式 1.1-18 计算出 20℃时的渗透系数 k_{20},取平均值计算出平均渗透系数。

五、结果整理

(1) 变水头渗透系数计算公式:

$$k_T = 2.3 \times \frac{aL}{A(t_2 - t_1)} \times \lg \frac{h_1}{h_2} \qquad (1.1\text{-}19)$$

式中:L——试样高度;

a——测压管内截面积(cm²);

A——试样断面积(cm²)。

(2) 试验记录表格如表 1-13 所示:

表 1-13 变水头法渗透试验

工程名称:　　　　　　　　　　　　试验者:

土样编号:　　　　　　　　　　　　计算者:

试验日期:　　　　　　　　　　　　校核者:

试样高度:　　　　　　　　　　　　试样密度:

试样面积:　　　　　　　　　　　　试样孔隙比:

试验次数	经过时间 t(s)	测压管读数(cm) h_1	测压管读数(cm) h_2	渗透系数 k_T(cm/s)	水温 T(℃)	20℃渗透系数 k_{20}(cm/s)	平均渗透系数 $\bar{k}_{20}$(cm/s)
1							
2							
3							

六、说明

（1）当进行不同孔隙比下的渗透试验时，可在半对数坐标上绘制以孔隙比为纵坐标，渗透系数为横坐标的关系曲线图。

（2）渗透试验几次平行试验测得的渗透系数采用表达 $k_{ti}=B_i\times10^{-n}$ 时，B_i 保留一位非零整数，结果中取 3~4 个在允许差值范围内的数据，求得其平均值，作为试样在该孔隙比 e 时的渗透系数。最大值和最小值的整数位之差不得大于 2，对不太均匀的原状土，限制可适当放宽。

（3）变水头试验中，每次测得的水头 h_1 和 h_2 的差值应大于 10 cm，对黏粒含量较高或干密度较大的试样，规定 h_1 和 h_2 经过时间不能超过 3~4 h，若在此时段内 h_1 和 h_2 的差值过小，规范介绍可改用负压法试验。实际操作中常采取增加上游水头的方法试验。

（4）变水头试验中若发现水流过快或出水口有混浊现象，应立即检查容器有无漏水或试样中是否出现集中渗流，若有，应重新制样试验。

（5）渗透试验一定要用无气水做试验，否则，试验过程中水中的气泡会在试样内集中，使测得的渗透系数随渗透时间的延长不断减小，产生不允许的试验误差。

1.1.6　界限含水量试验

细粒土由于含水量不同，分别处于流动状态、可塑状态、半固体状态和固体状态。液限是细粒土呈可塑状态的上限含水量；塑限是细粒土呈可塑状态的下限含水量。通过测定细粒土的液限 ω_L 和塑限 ω_p，并由此得到液性指数 I_L、塑性指数 I_p，从而对黏性土定名并判别黏性土的软硬程度。

液塑限联合测定法

一、试验目的

采用液塑限联合测定仪测定粒径小于 0.5 mm、有机质含量不超过颗粒干质量 5% 的细粒土的液限 ω_L 和塑限 ω_p。

二、仪器设备

（1）液塑限联合测定仪：圆锥质量为 100 g 或 76 g，锥角为 30°，读数显示宜采用光电数码游标、百分表（见图 1-14）；

图 1-14 LP-100D 液塑限联合测定仪

（2）盛土杯：直径 50 mm，深度 40～50 mm；

（3）天平：称量 200 g，感量 0.01 g；

（4）其他：筛（孔径 0.5 mm）、调土刀、干燥器、吸管、凡士林等。

三、试样制备

采用天然含水率土样或风干土样制备。采用天然土样时，剔除大于 0.5 mm 土粒，取代表性试样约 600 g，拌和均匀后分成 3 份，制成不同含水率的土膏，使它们的圆锥入土深度分别在 4～6 mm、9～11 mm 和 16～19 mm，静置一段时间即可；对风干土样，过 0.5 mm 筛取筛下土约 400 g 分成 3 份后，分别加水制成 3 种不同含水率的试样，3 种土膏的圆锥入土深度与天然含水率土样制成的土膏相同，拌和均匀后密封于保湿缸中静置 24 h。

四、试验步骤

（1）将试样用调土刀调匀，密实地填入试杯中，土中不能含封闭气泡，将高出试杯的余土用调土刀刮平，并放于仪器底座上。

（2）取圆锥仪，在锥尖涂以极薄凡士林，接通电源，使磁铁吸稳圆锥仪。

（3）调节屏幕基线，使初始读数位于零刻线处。调节升降座，使锥尖刚好接触土面，指示灯亮，放开圆锥仪，5 s 后读出圆锥仪下沉深度，试验完毕，按动复位按钮，锥体复位，读数显示为零。

（4）重复步骤（1）～（3），测试另外两个试样的圆锥入土深度 h。

（5）以含水率为横坐标，圆锥下沉深度为纵坐标，在双对数坐标纸上绘制圆锥下沉深度与含水率关系曲线，三点连一直线。当三点不在一直线上，通过高含水率的一点与其余两点连成两条直线,在圆锥下沉深度为 2 mm 处查得相应的含水率,当两个含水率的差值小于 2%时,应以该两点含水率的平均值与高含水率的点连成一线。当两个含水率的差值不小于 2%时,应补做试验。

(6)通过圆锥下沉深度与含水率关系图,查得下沉深度为 17 mm 所对应的含水率为液限(ω_L),下沉深度为 10 mm 所对应的含水率为 10 mm 液限,查得下沉深度为 2 mm 所对应的含水率为塑限(ω_p),以百分数表示,精确至 0.1%。

五、结果整理

(1)塑性指数和液性指数计算公式:

$$I_p = \omega_L - \omega_p \tag{1.1-20}$$

$$I_L = \frac{\omega_0 - \omega_p}{I_p} \tag{1.1-21}$$

式中:I_p——塑性指数;

I_L——液性指数,精确至 0.01;

ω_L——液限(%);

ω_p——塑限(%)。

(2)试验记录表格如表 1-14 所示:

表 1-14 液限、塑限联合测定试验

工程名称:　　　　　　　　　　试验者:

土样编号:　　　　　　　　　　计算者:

试验日期:　　　　　　　　　　校核者:

试样编号	圆锥下沉深度(mm)	盒号	湿土质量 m(g)	干土质量 m_s(g)	含水率 ω(%)	平均含水率 $\bar{\omega}$(%)	液限 ω_L(%)	塑限 ω_p(%)	塑性指数 I_p	土样分类

碟式仪液限法

一、试验目的

按照碟式仪液限法测定土的液限,适用于粒径小于 0.5 mm、有机质含量

第 1 章 土与岩的基本性质试验

不超过颗粒干质量 5%的细粒土。

二、仪器设备

（1）电动碟式液限仪（见图 1-15）。

图 1-15 CSDS-1 电动碟式液限仪

（2）天平：称量 200 g，分度值 0.01 g；
（3）其他：毛玻璃板、调土刀、0.5 mm 孔径分析筛、凡士林、纯水、烘箱、铝盒。

三、试样制备

同前面联合测定仪法，制备 3～5 份不同含水率的土膏，要求击数 N 在 15～20、23～27、30～35 范围内均有分布。

四、试验步骤

（1）用调土刀调匀试样后，平铺于土碟的前半部，使最厚处土样厚 10 mm。

（2）用划刀自后至前沿土碟中央将试样划成槽缝清晰的两半[图 1-16（a）]。以每秒钟两转的速率转动手柄，使土碟反复起落，坠于底座上，记录击数，直到试样两侧在槽底的合拢长度为 13 mm[图 1-16（b）]。记录此时的击数并在槽的两边各取土样 10 g 左右，测定其含水率。

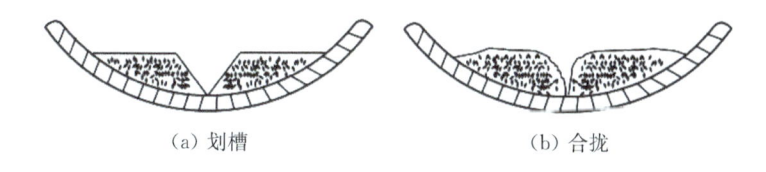

(a) 划槽　　　　(b) 合拢

图 1-16 试样状况

（3）取另外不同含水率试样，重复上述步骤（1）（2），得到 3 至 5 组合拢长

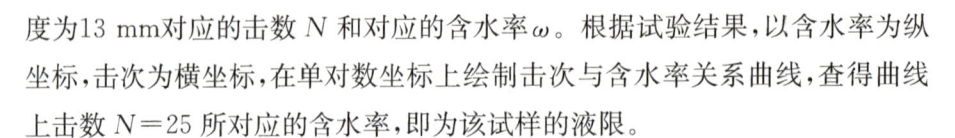

度为13 mm对应的击数 N 和对应的含水率 ω。根据试验结果,以含水率为纵坐标,击次为横坐标,在单对数坐标上绘制击次与含水率关系曲线,查得曲线上击数 $N=25$ 所对应的含水率,即为该试样的液限。

五、结果整理

（1）按下式计算各击次下合拢时试样对应的含水率：

$$\omega_N = \left(\frac{m_N}{m_s} - 1\right) \times 100 \qquad (1.1\text{-}22)$$

式中：ω_N——N 击下试样的含水率(%),精确至 0.01;

m_N——N 击下试样湿土质量(g);

m_s——试样干土质量(g)。

（2）试验记录表格如表 1-15 所示：

表 1-15 液限试验

工程名称：　　　　　　　　　　试验者：

土样编号：　　　　　　　　　　计算者：

试验日期：　　　　　　　　　　校核者：

试样编号	击数 N	盒号	湿土质量 m_N(g)	干土质量 m_s(g)	含水率 (%)	平均含水率 (%)	液限 ω_L	塑限 ω_P	塑性指数 I_P	土样分类

搓滚法塑限法

一、试验目的

按照搓滚法测定土的塑限适用于粒径小于 0.5 mm、不超过颗粒干质量 5% 的细粒土。

二、仪器设备

（1）天平：称量 200 g,分度值 0.01 g;

（2）卡尺：分度值 0.02 mm;

(3) 毛玻璃板：尺寸宜为 200 mm×300 mm；

(4) 其他：调土刀、凡士林、纯水等。

三、试样制备

试样要求基本同液限试验一致，但试样含水率较低。判断方法为试样在手中捏揉而不粘手，或用吹风机稍稍吹干时，用手捏扁即出现裂缝，则表示该试样含水率在塑限附近。

四、试验步骤

(1) 取试样一小块，先用手搓成橄榄形，然后用手掌在毛玻璃板上轻轻搓滚时，手掌均匀施加压力于土条上。搓条时注意不能使土条在毛玻璃板上无力滚动，土条长不宜超过手掌宽度，不能使土条出现中空现象。

(2) 若土条刚好搓至直径 3 mm 时出现裂缝，该土条的含水率定义为塑限。若土条直径达到 3 mm 而未出现裂缝表明试样含水率高于塑限，这时将土条捏成土团后按步骤(1)继续。若土条直径大于 3 mm 即出现裂缝时表明该试样的含水率低于塑限，换其他试样继续搓条(可向试样加少量的水)。取合格的土条 3~5 g 为一组，进行含水率试验。

(3) 平行进行两次塑限试验，当两次测定的含水率差值小于 1% 时，取平均值作为该土的塑限。

五、结果整理

搓滚法试验记录表与含水率试验记录表类似，得到的含水率即为塑限 ω_p。

六、说明

如果有机质含量在 5%~10%，仍允许按本试验进行试验，但须注明有机质含量。

1.2 岩的基本性质试验

1.2.1 岩石含水率试验

岩石含水率，也称岩石含水量，是指岩石试样在 105~110℃ 温度下烘至恒量时失去的水分质量与达到恒量时试样干质量的比值，以百分数表示。对于软岩来说,岩石的含水率是重要的物理性质指标,因为组成软岩的矿物成分中往往含有较多的黏土矿物,而这些黏土矿物遇水软化的特性,将对岩石的变形、强度有很大的影响,而对于中等坚硬以上的岩石,含水率的影响就小得多。

1.2.1.1 试验目的

测定岩石含水率,岩石室内试验通常采用烘干法。

1.2.1.2 仪器设备

(1) 天平:称量 500 g,感量 0.01 g;

(2) 烘箱,称量盒,干燥器。

1.2.1.3 试样制备

取保持原含水状态的试样 6 块以上,每块试样质量不小于 40 g,试样尺寸应大于最大矿物颗粒粒径的 10 倍。

1.2.1.4 试验步骤

(1) 在室温条件下称清洁、干燥的称量盒质量 m_0;

(2) 将保持原含水状态的岩石试样置于称量盒中并称盒加试样质量 m_1;

(3) 将盛有试样的称量盒放入烘箱,在恒温下静置 24 h,恒定温度控制在 105~110℃;

(4) 从烘箱内取出称量盒,待冷却至室温后称量盒子加试样质量 m_2;

(5) 重复第(3)~(4)步直到相邻两次称量之差不超过后一次称量的 0.1% 为止。

1.2.1.5 结果整理

(1) 岩石天然含水率计算公式:

$$\omega_0 = \left(\frac{m_1 - m_2}{m_2 - m_0}\right) \times 100 \qquad (1.2\text{-}1)$$

式中:ω_0——岩石天然含水率(%);

m_0——称量盒质量(g);

m_1——盒+原含水状态试样的质量(g);

m_2——盒+烘干试样的质量(g)。

（2）试验记录表格如表 1-16 所示：

表 1-16 岩石含水率试验

工程名称： 试验者：

土样编号： 计算者：

试验日期： 校核者：

试样编号	盒号	盒+原含水状态试样质量 m_1(g)	盒+烘干试样质量 m_2(g)	称量盒质量 m_0(g)	岩石天然含水率 ω_0(%)	平均含水率 $\overline{\omega}$(%)	备注

1.2.1.6 说明

在岩石含水率试验中，被烘干的水分质量指空隙水或自由水的质量，不包括矿物结晶水。对于含有结晶水矿物组成的岩石，应降低烘干温度进行测试，温度应控制在 40±5℃。

1.2.2 块体密度试验

岩石块体密度是岩石试样质量与体积的比值，即单位体积内的岩石质量，是岩石的基本物理性质指标之一。岩石块体密度反映了岩石固体颗粒结构的松紧程度和组成固体颗粒的矿物成分，是计算岩石的自重应力、干密度、孔隙比、孔隙度等指标的重要依据。常用方法包括量积法、水中称量法和密封法。

量积法

一、试验目的

制备成规则试样的岩石。

二、仪器设备

（1）切石机、钻石机和磨石机等制样设备；

（2）烘箱、干燥器；

（3）天平：分度值 0.01 g；

（4）真空抽气装置。

三、试样制备

试样数量：进行块体干密度试验时每组试样不少于3个，进行块体湿密度试验时每组试样不少于5个。

四、试验步骤

（1）称量试样在天然状态下的质量；

（2）对试样进行烘干、吸水、强制饱和，并称量各种含水状态下的质量，长度测量精确至0.01 mm，称量精确至0.01 g。

水中称量法

一、试验目的

除遇水崩解、溶解和干缩湿胀性岩石外，其他岩石的称量均可采用此法。

二、仪器设备

（1）切石机、钻石机和磨石机等制样设备；

（2）烘箱、干燥器；

（3）天平：分度值0.01 g；

（4）真空抽气装置；

（5）水中称量装置。

三、试样制备

试样可以采用规则或不规则形状，试样尺寸应大于组成岩石最大颗粒粒径的10倍，每个试样质量不小于150 g，试验前需对试样进行烘干、自然吸水和强制饱和。

四、试验步骤

将强制饱和的试样置于水中称量装置上，称量试样在水中的质量，并测量水温，称量精确至0.01 g。

密封法

一、试验目的

密封法包括蜡封法和高分子树脂胶涂抹法。对于无法用量积法或水中称量法测定块体密度的岩石，可采用该方法。

二、仪器设备

（1）切石机、钻石机和磨石机等制样设备；

（2）烘箱、干燥器；

（3）天平：分度值 0.01 g；

（4）真空抽气装置；

（5）石蜡及熔蜡设备；

（6）高分子树脂胶涂料及配置涂料的用具。

三、试样制备

采用边长为 40～60 mm 的近似立方体或浑圆体制备试样。

四、试验步骤

（1）称量试样质量；

（2）将试样系上细线，置于 60℃ 左右熔蜡中 1～2 s，使试样表面均匀涂上一层蜡膜，厚度约 1 mm，当蜡膜有气泡时，应用热针刺穿并用蜡液涂平，待冷却后称蜡封试样质量；

（3）将蜡封试样置于水中称量，取出试样，拭干表面水分后再次称量，当浸水后蜡封试样质量增加时，应重新进行试验，称量精确至 0.01 g；

（4）如用蜡封法需提前配置蜡高分子树脂胶，用毛笔将高分子树脂胶均匀涂抹于试样表面，涂刷两遍，待溶剂挥发，在试样表面形成一层薄膜以后，称涂层和试样总质量，其余试验步骤与蜡封法相同。

1.2.3 颗粒密度试验

岩石颗粒密度是指岩石固相物质的质量与其体积的比值，其在数值上等于岩石的比重即岩石固相物质的重量与 4 ℃ 时同体积纯水重量之比，二者的差别是，后者为一无量纲值。岩石颗粒密度取决于组成岩石的矿物密度及其在岩石中的相对含量，成岩矿物的密度越大，岩石的颗粒密度也越大，反之，则岩石的颗粒密度越小。大部分岩石的颗粒密度为 $2.50～2.80$ g/cm³，岩石的颗粒密度一般通过室内岩石试验测定。颗粒密度测试一般包含比重瓶法和水中称量法。

比重瓶法

一、试验目的

测定各类岩石的颗粒密度。对于含水溶性矿物的岩石，在采用比重瓶法测定时，不得采用纯水作为试液，而应采用煤油作为试液。

二、仪器设备

(1) 钻石机、切石机、磨石机；

(2) 粉碎机、瓷研钵、玛瑙研钵、磁铁块；

(3) 孔径为 0.25 mm 的分析筛；

(4) 天平（称量 200 g，分度值 0.001 g）；

(5) 恒温烘箱和干燥器；

(6) 真空抽气或煮沸设备；

(7) 恒温水槽；

(8) 短颈比重瓶（容积 100 mL）。

三、试样制备

用粉碎机将岩块碎成粉，用磁铁块吸去铁屑，根据耐磨程度，分别选用玛瑙研钵或瓷研钵磨碎，使之全部通过 0.25 mm 的分析筛，取 150~200 g 试样，于 105~110 ℃ 恒温下烘干，烘干时间不少于 6 h，然后放入干燥器内冷却至室温，用四分法取两份岩粉，每份岩粉质量为 15 g。

四、试验步骤

(1) 将称量后的岩粉装入烘干的比重瓶内，注入试液（纯水或煤油）至比重瓶容积的一半处。

(2) 当使用纯水作试液时，可以采用煮沸法或真空抽气法排气；当使用煤油作试液时，应采用真空抽气法排气。当采用煮沸法排气时，煮沸后加热时间不少于 1 h；当采用真空抽气法排气时，真空压力表读数应为 100 kPa，抽气应抽至无气泡逸出为止，且抽气时间不少于 1 h。

(3) 试样排气后，把经煮沸或真空排气的蒸馏水（或煤油）注入比重瓶内至近满。将比重瓶置于恒温水槽内使瓶内温度保持稳定，上部悬浊液澄清，测量瓶内试液的温度。

(4) 塞好瓶塞，使多余的试液自瓶塞毛细孔中逸出，将瓶外擦干，称瓶、试液和岩粉的总质量。

（5）倒去试样水，洗净比重瓶，注入经排气并与试验同温度的试液至比重瓶内，按前述方法称瓶和试液的总质量。

（6）须进行两次平行测定，结果取算术平均值。平行误差不得大于 0.02 g/cm³，称量精确至 0.001 g。

1.2.4　渗透性试验

岩石的渗透性是指在水压力作用下，岩石的孔隙和裂隙透过水的能力，以渗透系数表示。

纵向渗透试验

一、试验目的

测试各类岩石的单向渗透能力。

二、仪器设备

（1）岩石渗透仪，包括水泵、水气管路、储水器、氮气稳压装置、压力室和渗透水量测系统；

（2）试样饱和装置。

三、试样制备

采用直径与高度均为 50 mm 的圆柱体。

四、试验步骤

（1）将制备好的试样置于压力室的钢环内，用环氧树脂灌满钢环与试样之间的空隙，再用真空抽气法饱和后放入压力室，用快速接头与储水器连接，安装测流管，从测孔注水排气；

（2）试验时用高压水泵通过高压管和供水器向储水器加压，当压力表指针接近指定试验压力时，停止加压，打开氮气瓶并用减压器把压力精确调到指定压力使之稳定，观测水流的渗透并将渗透水收集到有刻度的量筒内；

（3）当三次测流基本稳定时，提高至下一级压力，继续进行渗透试验，按该方法逐级提高压力直到达到要求的试验压力为止。

径向渗透试验

一、试验目的

测试各类岩石径向渗透能力。

径向辐合渗透试验:将试样置于有压力水的容器中,使其受径向压缩,渗透水流从试样中心孔内流出的渗透试验。

径向辐射渗透试验:将有压水从导管压入试样中心孔内,使之承受环向拉力,渗透水流从试样外围流出的渗透试验。

二、仪器设备

(1) 岩石渗透仪,包括水泵、水气管路、储水器、氮气稳压装置、压力室和渗透水量测系统。

(2) 试样饱和装置。

三、试样制备

径向辐合和径向辐射渗透试验试样均为中心有孔的圆柱体。圆柱体直径 60 mm,长 150 mm,在圆柱体中心钻一个直径为 12 mm 的同心轴向孔,长 125 mm,最后把上端 25 mm 用环氧树脂封闭,中间留一导管与外界连接。

四、试验步骤

(1) 用真空抽气法将试样饱和后,安装在径向辐合或径向辐射压力室内;

(2) 径向辐合试验将压力室上端有压水进口与储水器相连接,径向辐射试验则将试样中心导管与储水器相连接;

(3) 安装测流装置后向压力容器和试样中心孔内注入无压水排除气体,然后按纵向渗透试验方法进行径向渗透试验,在试样中心导管(径向辐合试验)或压力室出口(径向辐射试验)收集渗透水量。

1.2.5 单轴抗压强度试验

岩石试样在各种荷载作用下达到破坏时所能承受的最大应力称为岩石的强度。岩石的强度有抗压、抗拉、抗剪强度等。岩石试样在单轴压缩荷载作用下所能承受的最大压应力称为单轴抗压强度,即岩石试样在轴向压力作用下出现压缩破坏时,单位面积上所承受的荷载,也就是试样破坏时的最大荷载与垂直于加荷方向试样面积之比。

1.2.5.1 试验目的

测定各种岩石天然状态下的单轴抗压强度。

1.2.5.2 仪器设备

(1) 钻石机、锯石机、磨石机和车床。

(2) 测量平台、角尺、千分卡尺、放大镜。

(3) 烘箱、干燥器和饱和设备。

(4) 材料试验机。试验机的承压板必须具有足够的刚度,其中之一须具有球形座,板面须平整光滑,承压板直径应大于试样直径(图 1-17)。

图 1-17　YAW-2000B 岩石单轴压力试验机

1.2.5.3 试样制备

试样应为标准圆柱体试样,直径 50 mm,高径比 2～2.5。对于非均质的粗粒结构岩石或试样尺寸小于标准时,允许采用非标准试样,但高径比须保持在 2～2.5。对于层(片)状岩石,一般按垂直和平行于层(片)理两个方向制样。一般同一含水状态下每组试样的数量不少于 5 个。

1.2.5.4 试验步骤

(1) 将试样置于试验机承压板中心。为了消除试样受载时的端部效应,试样两端与试验机承压板之间安放刚性垫块。垫块直径等于或略大于试样直径,其高度与试样直径之比不小于 0.5。

(2) 调整球形座,使刚性垫块与试验机上、下承压板均匀接触,使试样均匀受力。

(3) 以每秒 0.5~1.0 MPa 的速率加载直至试样破坏。

(4) 试验结束后,描述试样的破坏形态。

1.2.5.5　结果整理

(1) 岩石单轴抗压强度计算标准公式:

$$R = \frac{P}{A} \tag{1.2-2}$$

式中:R——岩石单轴抗压强度(MPa),保留三位有效数字;

P——试样破坏时最大荷载(N);

A——垂直于加荷方向的试样面积(mm²)。

对于非标准尺寸的岩石试样,应将强度值换算成高径比为2的标准抗压强度值 R_e,其计算公式为:

$$R_e = \frac{8R}{7 + 2D/H} \tag{1.2-3}$$

式中:R_e——高径比为2的标准抗压强度值(MPa);

D——试样直径或截面边长(mm);

H——试样高度(mm)。

(2) 试验记录表格如表 1-17 所示:

表 1-17　单轴抗压强度试验记录表

工程名称:　　　　　　　　　　　　试验者:

岩样编号:　　　　　　　　　　　　计算者:

试验日期:　　　　　　　　　　　　校核者:

试样编号	含水状态	试样形状	试样直径或截面边长 D(mm)	试样高度 H(mm)	高径比	试样截面面积(mm²)	加荷速率(MPa/s)	破坏荷载(N)	单轴抗压强度(MPa)	标准抗压强度值 R_e(MPa)	平均值(MPa)

1.2.6 三轴压缩强度试验

地层中的岩石绝大多数处在三向压缩应力的作用下,因此,从某种意义上来说,岩石在三向压缩应力作用下的强度和变形特性是岩石力学性质的真实反映,比岩石单轴压缩强度和变形特性更为重要。岩石三向压缩强度是指在不同的三向压缩应力作用下岩石抵抗外荷载的极限能力。

1.2.6.1 试验目的

测定各种岩石在三向压缩状态下的弹性模量、泊松比等三轴压缩变形参数。

1.2.6.2 仪器设备

(1) 钻石机、锯石机、磨石机和车床。

(2) 测量平台、角尺、千分卡尺、放大镜。

(3) 三轴试验机。三轴试验机由材料试验机、三轴压力室、侧向压力加载装置以及变形量测和记录系统组成。其中,材料试验机可以采用应力控制或应变控制的试验机,其性能应满足对单轴压缩试验机的要求,且试验机承压板的面积必须等于或大于三轴压力室的底面积(图1-18)。

图1-18 ZSZ-200岩土真三轴试验机

1.2.6.3 试样制备

与单轴压缩试验所用试样及其尺寸、加工精度等完全相同。一般同一含水状态下每组试样的数量不少于5个,分别施加不同的围压,在轴向连续加载下至试样破坏。

1.2.6.4　试验步骤

（1）试样所施加的侧向压力应根据工程需要和岩石特性确定，一般按等差级数或等比级数分级，分级数不少于5级；

（2）试样应采取防油措施，先在试件表面涂抹薄层防油胶液，胶液凝固后套上耐油的薄橡胶皮套或塑料套；

（3）试样变形的测量一般采用电阻应变片法，其要求与单轴变形试验中的电阻应变片法相同，但防潮防油要求更高，当然也可以采用直接测量试样轴向和径向变形的方法；

（4）根据三轴试验要求安装试样，排除压力室内的空气；

（5）先以0.05 MPa/s的加载速率同步施加侧向压力和轴向压力至预定的侧向压力值，并保持侧向压力在接下来的试验过程中始终不变；

（6）以0.5～1.0 MPa/s的加载速率施加轴向载荷直至试样破坏，记录试验全过程的轴向载荷和变形值；

（7）对破坏后的试样进行描述，当有完整破裂面时，应测量破裂面与试样轴线之间的夹角。

1.2.6.5　结果整理

（1）同单轴试验一致，根据轴向应力 σ_1 及相应的侧向应力 σ_3，在 $\sigma_1 - \sigma_3$ 坐标上用最小二乘法绘制关系曲线，在剪应力 τ 与正应力 σ 坐标图上绘制莫尔应力圆，根据莫尔-库仑强度理论确定三轴应力状态下岩石的抗剪强度参数值。

（2）试验记录表格如表1-18所示：

表1-18　三轴压缩强度试验记录表

工程名称：　　　　　　　　　试验者：

岩样编号：　　　　　　　　　计算者：

试验日期：　　　　　　　　　校核者：

试样编号	试样直径(mm)	试样高度(mm)	试样截面面积(mm²)	侧向应力(MPa)	轴向破坏荷载(N)	轴向破坏应力(MPa)	破坏形态	破裂角度(°)

第 2 章

壁后注浆性质测试试验

2.1 壁后注浆作用

在盾构隧道施工过程中,由于拼装完成的管片从盾尾脱出,管片衬砌与土体之间会出现空隙,引发周围土体松动。采用流塑性浆液对盾尾空隙进行填充能有效约束管片,缓解地层变形,提高隧道抗渗性,这一过程称为壁后注浆。

2.2 壁后注浆分类

壁后注浆按组分通常分为单液浆和双液浆,单液浆又依据是否在浆液中添加水泥分为惰性浆和硬性浆。惰性浆由石灰、粉煤灰、细砂、膨润土、水按一定配比混合而成。硬性浆使用水泥置换了石灰,即由水泥、粉煤灰、细砂、膨润土、水组成。单液浆适用于地面保护要求不高的地段、地质条件较好并具有一定自稳能力的土体或岩层。双液浆由水玻璃和水泥砂浆混合而成,凝结时间短,早期强度高,适用于富水软土地层。

2.3 壁后注浆配制与配比范围

2.3.1 浆液的配制

(1)在试验室制备砂浆试样时,所用材料应提前 24 h 运入室内。拌和时,试验室的温度应保持在 20±5℃。当需要模拟施工条件下所用的砂浆时,所用原材料的温度宜与施工现场保持一致。

(2)试验所用原材料应与现场使用材料一致。

(3)试验室拌制砂浆时,材料用量应以质量计。水泥、外加剂、掺合料等材料的称量精度应为±0.5%,细骨料的称量精度应为±1%。

(4)在试验室搅拌砂浆时应采用机械搅拌,搅拌机应符合现行行业标准《试验用砂浆搅拌机》(JG/T 3033—1996)的规定,搅拌的用量宜为搅拌机容量的30%~70%,搅拌时间不应少于 120 s。对于掺有掺合料和外加剂的砂浆,其搅拌时间不应少于 180 s。

2.3.2 浆液的配合比范围

硬性浆配合比控制范围为：水胶比0.45～0.80,胶砂比≥0.40,膨润土掺量5%～20%,水泥掺量≥15%;惰性浆配合比控制范围为：水胶比0.55～0.80,胶砂比≥0.30,膨润土掺量5%～15%,水泥掺量≥15%。双液浆配合比控制范围为：水胶比2.0～4.0,膨润土掺量2%～6%,稳定剂掺量0.3%～0.6%,A液与B液体积比宜为10∶1～20∶1,其他材料根据试验确定。

2.4 壁后注浆基本性质测定

从盾构壁后注浆的施工要求、控制围岩应力释放、地层变形及隧道早期稳定性等角度出发,需考查的浆液工程特性主要有流动度、稠度、凝结时间、泌水率、抗压强度及抗剪强度。

参考的相关规范主要包括：

《水泥胶砂流动度测定方法》(GB/T 2419—2005);

《建筑砂浆基本性能试验方法标准》(JGJ/T 70—2009);

《盾构法隧道同步注浆材料应用技术规程》(T/CECS 563—2018);

《土工试验方法标准》(GB/T 50123—2019)。

2.4.1 流动度

2.4.1.1 试验目的

壁后注浆流动度是衡量浆液泵送能力的指标,当流动度较小时,注浆所需压力增大,不利于浆液在注浆管道内的泵送,且容易堵塞注浆管道。

2.4.1.2 仪器设备

流动度采用如图2-1所示的砂浆流动度测试仪(跳桌)进行试验。

2.4.1.3 试验步骤

试验流程参照国标《水泥胶砂流动度测定方法》(GB/T 2419—2005)。

(1) 在配制浆液的同时,将仪器平面湿润后放置试模于仪器正中央;

(2) 分两次将浆液装入试模,每次装填后使用捣棒旋转插捣,使浆液均匀地填满试模,并将试模表面抹平;

（3）将试模垂直提起，立即启动仪器，待振动 25 次后，量取浆液最大扩散直径和与之垂直方向的直径，取其均值即为浆液流动度，以 mm 为单位取整数；

（4）按上述测试方法每隔 10 min 测试一次浆液流动度，当流动度损失较慢时，则每隔 30 min 测试一次，直到 150 min。为模拟浆液配制后在搅拌罐车、管路中运输时的封闭环境，试验中保持试验室温度为 20±2℃并在每次流动度测试之后将浆液密封，以减少水分蒸发。

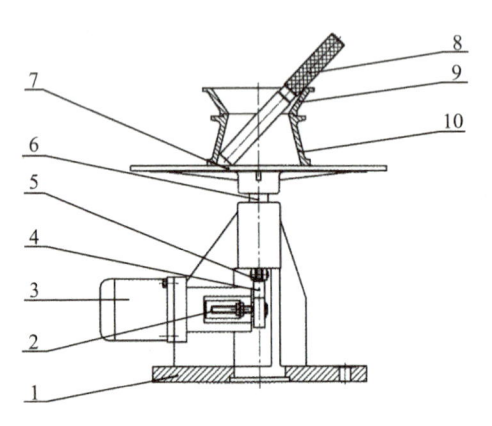

1-机架；2-接近开关；3-电机；4-凸轮；5-滑轮；6-推杆；7-圆盘桌面；8-捣棒；9-模套；10-截锥圆模。

图 2-1　砂浆流动度测试仪

2.4.1.4　性能指标

流动度≥160 mm，流动度经时损失≤20 mm/h。

2.4.2　稠度

2.4.2.1　试验目的

用稠度来反映浆液的流动性能。

2.4.2.2　仪器设备

稠度采用如图 2-2 所示的砂浆稠度仪测定。

2.4.2.3　试验步骤

试验流程参照标准《建筑砂浆基本性能试验方法标准》(JGJ/T 70—2009)。

（1）测试前需将滑杆润滑，确保滑杆能够上下自由滑动。

（2）将容器和试锥表面擦净、润湿，将浆液一次装入容器，使浆液表面低于容器口约 10 mm。

（3）用捣棒自容器中心向边缘均匀地插捣并轻轻地将容器摇动或敲击，使砂浆表面平整。

（4）拧松制动螺丝，将试锥尖端与砂浆表面接触；拧紧制动螺丝，使齿条测杆下端刚接触滑杆上端，读出刻度盘上的读数（精确至 1 mm）。

（5）松开制动螺丝并计时，10 s 后立即拧紧螺丝，读取表盘数据，两次数值之差即为浆液稠度。

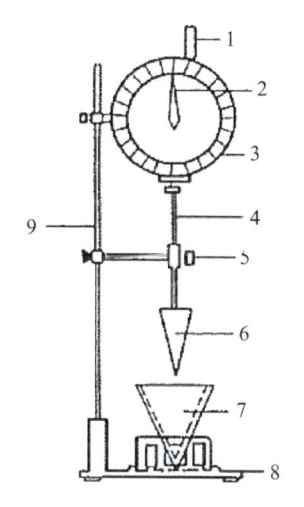

1—齿条测杆；2—指针；3—刻度盘；4—滑杆；5—制动螺丝；6—试锥；7—盛浆容器；8—底座；9—支架。

图 2-2　砂浆稠度仪

2.4.2.4　性能指标

硬性浆稠度宜为 100～130 mm，惰性浆稠度宜为 90～130 mm；双液浆暂无明确指标范围。

2.4.3　凝结时间

2.4.3.1　试验目的

凝结时间反映浆液水化反应所需的时间。浆液凝结时间越短，注入盾尾后会越快胶结为固体状态。

2.4.3.2　仪器设备

凝结时间采用如图 2-3 所示的砂浆凝结时间测定仪测定。

2.4.3.3 试验步骤

试验流程参照标准《建筑砂浆基本性能试验方法标准》(JGJ/T 70—2009)。

(1) 将配制好的浆液装入容器内,并低于容器口约 10 mm,振动容器去除浆液内部气泡后,静置于 20±2℃环境中(不清除浆液表面泌出的水),2 h 后开始测定;

(2) 将容器置于压力器圆盘上进行测定,在 10 s 内缓慢将试针贯入试样,记录仪表峰值读数,每隔 1 h 测定一次;

(3) 当贯入阻力值达到 9 N 之后,每隔 15 min 测定一次,直至阻力值达到 21 N,采用内插法确定阻力值达到 15 N 的时间点即为浆液凝结时间;

(4) 测试需配制两个试样,浆液凝结时间为两个试样测得的平均时间,若两次试验结果误差大于 30 min,则需重新测定。由于试验时间较长,在每次测定结束后需将试样密封,以减少水分蒸发。

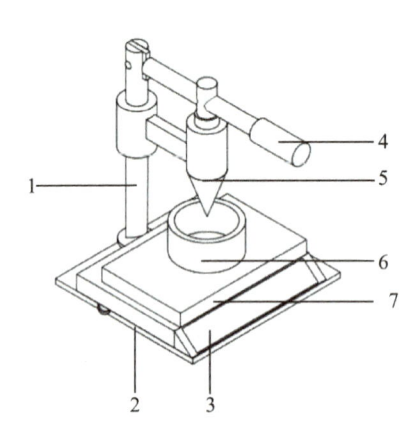

1-立柱;2-底座;3-压力显示器;4-操作杆;5-试针;6-盛浆容器;7-压力表座。

图 2-3 砂浆凝结时间测定仪

双液浆凝结时间一般采用倒杯法测定。

测定步骤:A 液制备完成后,按照配合比分别量取 A 液和 B 液,将其倒入两只量杯中。先将水玻璃倒入水泥浆中,同时开始计时;按照每秒 1~2 次的速度将 A 液、B 液来回混合。当混合液呈啫喱状且出现挂杯现象而无法自由流动时终止计时,该时长即为双液浆的凝结时间。倒杯法如图 2-4 所示。

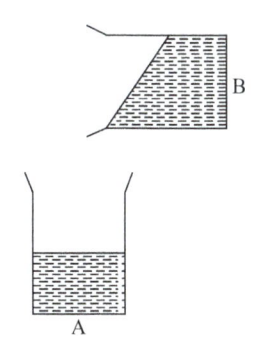

图 2-4　倒杯法示意图

2.4.3.4　性能指标

单液浆凝结时间为 10～24 h。双液浆凝结时间宜小于 1 min。

2.4.4　泌水率

2.4.4.1　试验目的

浆液泌水率是单位体积的浆液中固体颗粒下沉时与颗粒材料分离所泌水体积的大小,是评价壁后注浆浆液稳定性的重要参数之一。

2.4.4.2　仪器设备

凝结时间采用如图 2-5 所示的 1 000 mL 量筒测定。

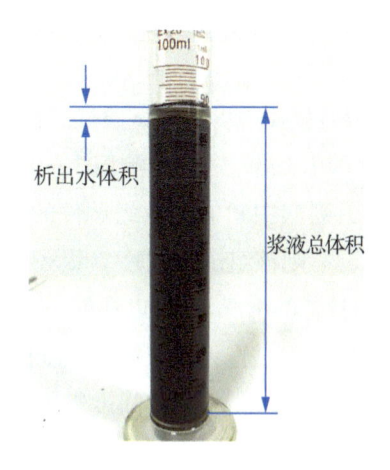

图 2-5　泌水率测定量筒

2.4.4.3 试验步骤

(1) 将浆液装入 1 000 mL 量筒中,并将量筒口密封;

(2) 于 20±2℃ 环境中静置 3 h,待析水量稳定,测量上部清水体积,其与浆液总体积百分比即为浆液泌水率。

2.4.4.4 性能指标

泌水率≤3.5%。

2.4.5 抗压强度

2.4.5.1 试验目的

抗压强度反映浆液凝结后的胶结强度特性。浆液胶结后抗压强度越高代表其对控制地层应力释放和稳定隧道结构越有利。

2.4.5.2 仪器设备

抗压强度采用如图 2-6 所示的强度综合试验仪测定试样各龄期抗压强度。

2.4.5.3 试验步骤

试验流程参照标准《建筑砂浆基本性能检验方法标准》(JGJ/T 70—2009)。

(1) 采用带底试模制备试样(长×宽×高=70.7 mm×70.7 mm×70.7 mm),每组三个试样;

(2) 试样制作后应在室温为 20±5℃ 的环境下静置 24±2 h 后进行拆模,随后立即放入温度为 20±2℃、相对湿度大于 90% 的标准恒温恒湿养护箱(如图 2-7 所示)至指定龄期;

(3) 当试样达到龄期后,使用强度综合试验仪进行测试,试件抗压强度为三个试件测值的算术平均值的 1.3 倍。若三个测值中的最大值或最小值与中间值的差值超过中间值的 15%,则取中间值为该组试件的抗压强度值;若最大最小值与中间值差值均超过 15%,则该组试件试验结果无效,需重新制样测试。

如果上述试验条件不具备的情况下,可以参照《土工试验方法标准》规范用应变控制无侧限压缩仪(图 2-8)进行无侧限抗压强度试验。试验步骤如下:

(1) 试样直径可为 3.5~4.0 cm。试样高度宜为 80 cm;

(2) 将试样两端抹一薄层凡士林,当气候干燥时,试样侧面亦需抹一薄层凡士林防止水分蒸发;

(3) 将试样放在下加压板上,升高下加压板,使试样与上加压板刚好接触。将轴向位移计、轴向测力计读数均调至"0"位；

图 2-6　强度综合试验仪　　图 2-7　YH-60B 型标准恒温恒湿养护箱

（4）下加压板宜以每分钟轴向应变为 1%～3% 的速度上升，使试验在 8～10 min 内完成；

（5）当轴向应变小于 3% 时，对于每 0.5% 应变，测记轴向力和位移读数 1 次；轴向应变达 3% 以后，对于每 1% 应变，测记轴向位移和轴向力读数 1 次；

（6）当轴向力的读数达到峰值或读数达到稳定时，应再进行 3%～5% 的轴向应变值即可停止试验；当读数无稳定值时，试验应进行到轴向应变达 20% 为止。

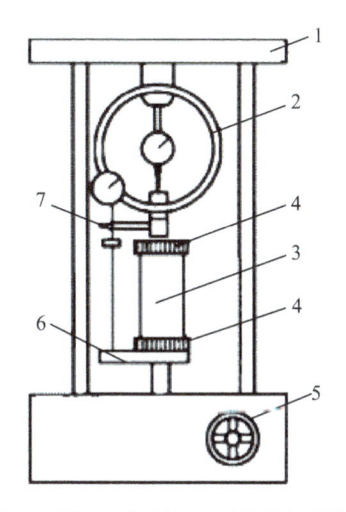

1—轴向加压架；2—轴向测力计；3—试样；4—传压板；5—手轮或电动转轮；6—升降板；7—轴向位移计。

图 2-8　应变控制无侧限压缩仪

2.4.5.4 性能指标

3 d 抗压强度≥0.5 MPa,28 d 抗压强度≥2.5 MPa。

2.4.6 壁后注浆固结试验

2.4.6.1 试验目的

壁后注浆在注浆压力作用下注入盾尾空隙后,其在管片与地层之间的排水固结行为无法直接观测到,需通过室内模型试验模拟该过程研究其在地层中的特性变化,目前多数采用固结装置进行研究。

2.4.6.2 现有各类固结装置简介

(1) 活塞砝码固结装置

图 2-9 为活塞砝码固结装置,该装置整体为一个直径 8 cm 的有机玻璃柱,柱内分层装入垫层及浆液,注浆压力的模拟则由砝码质量换算实现,通过阀门控制浆液的排水。装置主要原理为活塞在上部堆积的砝码自重下不断下压壁后注浆体,浆液不断被压缩并排水直至固结完成。通过活塞的设计,将砝码自重转换成均匀的面力,使得浆液受力均匀;同时有机玻璃柱高度可以满足较大盾尾空隙(15 cm)的模拟。

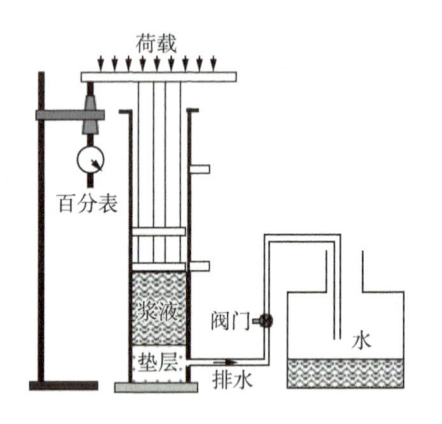

图 2-9 活塞砝码固结装置示意图

(2) 改进型高压固结仪

为实现较大注浆压力的模拟,在常用的高压固结仪基础上,将土工环刀替换为自制的高为 5 cm 不锈钢容器,抬高整个固结仪,并在仪器底部设置排水管及孔压计,实现了高压固结仪的改进。改进的高压固结仪示意图见图

2-10。试验时在不锈钢容器内分别装入地层及壁后注浆,盖上加压盖后以钢杆传力,通过孔压计的读数判断浆液的固结进程,并通过位移传感器记录浆液的压缩变形。通过改变力的施加方向,改进高压固结仪最高可实现 1.6 MPa 的注浆压力的模拟,且该力的施加也较为均匀;孔压计的设置能够较为准确地判断浆液的固结程度。

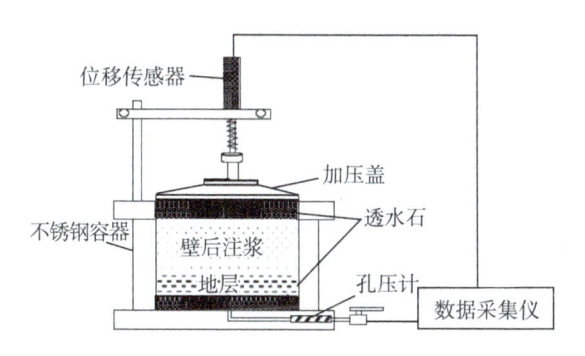

图 2-10 改进的高压固结仪示意图

(3) 气压乳胶膜浆液固结装置

基于同时实现较大注浆压力及盾尾空隙模拟的目的,设计了如图 2-11 所示的气压乳胶膜浆液固结装置。装置主体为三层有机玻璃柱,最底部的玻璃柱装入试验地层,中间装入壁后注浆体,上部则为施加压力及安置乳胶膜。空气压缩机及调压装置的设置,能够较精准地施加较大的空气压力,从而实现较大注浆压力的模拟,且误差仅 0.01 MPa;同时,通过在浆液外部包裹一层乳胶膜,较好地保护了浆液,以免被压力击穿;整个装置可实现 17 cm 的盾尾空隙模拟。

(4) 改良活塞气压固结装置

在绝大部分沿用气压乳胶膜固结装置基础上,将乳胶膜替换为特制改良受力活塞;同时将有机玻璃柱简化为两段,将上段柱体内壁磨光以减小活塞下降阻力。经优化改良后的固结装置被称为气压活塞固结装置,装置整体组成示意图见图 2-12。气压活塞固结装置的浆液固结压力模拟仍采用空压机与调压系统相结合的方式施加,这能够保证高达 0.8 MPa 固结压力的模拟,且压力精度很高;两段有机玻璃柱的设计简化了装置,下段装入模拟地层及垫层,上段装入壁后注浆,有助于减少上下两段连接处的漏气现象;通过提高上段柱体的高度,该装置可模拟多达 22 cm 的盾尾空隙;上下两个孔压计的设置能够更精确地判断浆液的固结程度。结合活塞的优点,将表面不平整的乳胶膜替换为特制活塞,解决了乳胶膜装置浆液固结压力不均匀的问题。

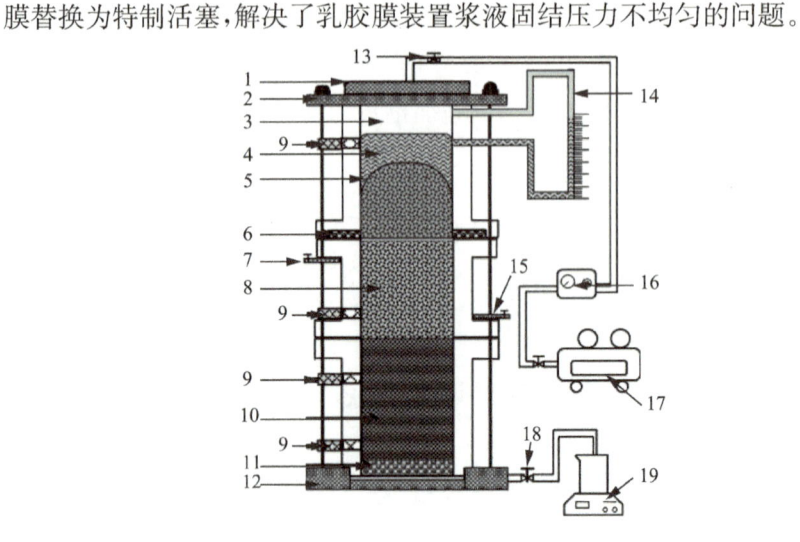

1-法兰盘;2-缸盖;3-压缩空气;4-清水;5-乳胶膜;6-乳胶膜套圈;7-进水阀;8-浆体;9-孔隙水压力计;10-地层;11-透水石;12-底座;13-进气阀门;14-带刻度的U型管;15-出水阀;16-调压装置;17-空气压缩机;18-排水阀;19-滤水收集采集系统。

图 2-11 气压乳胶膜浆液固结装置示意图

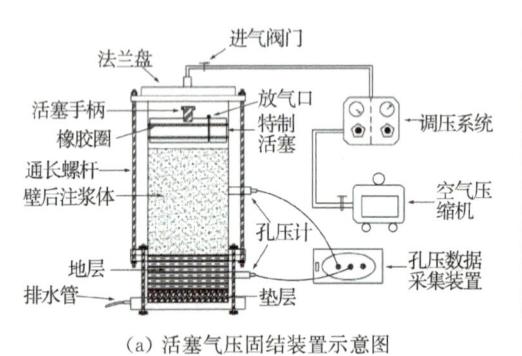

(a) 活塞气压固结装置示意图　　(b) 改良壁后注浆固结系统

图 2-12 气压活塞固结装置组成示意图

2.4.6.3 试验步骤

经改良后的气压活塞固结装置整合了活塞砝码及气压乳胶膜固结装置的优点。以气压活塞固结装置为例,该装置的具体操作流程如下:

(1) 在下段玻璃柱内依次装入一定量 2~5 mm 的砂垫层及模拟地层,并分层击实以控制密实度,击实完成后盖上上段玻璃柱,拧紧螺母,采用反向饱和的方法对地层进行饱和[图2-13(a)],之后关闭底部两个阀门;

(2) 往上段有机玻璃柱内注入一定高度硬性浆液,在活塞侧面均匀涂抹密封硅脂,并将其压入装置内直至与浆液表面相接触,待气体排出干净后拧上放气口的螺母,加盖顶部法兰盘,装样完成[图2-13(b)];

(a) 地层反向饱和　　　　(b) 壁后注浆装样完成

图 2-13　地层饱和及装样操作

(3) 开启空气压缩机进行空气压力储存,储气充分后利用调压系统进行固结压力的设置,打开孔压数据采集装置;压力施加后,打开底部其中一个阀门开始进行壁后注浆固结,并用烧杯收集天平集滤水量;

(4) 待浆液孔压降至零后,关闭底部阀门及调压装置,打开顶部法兰盘,拧开活塞放气口,利用自制活塞拔出装置将活塞拔出[图2-14(a)];活塞拔出后拆下上段有机玻璃柱,加盖法兰盘,利用空压机施加小气压将固结完成后的壁后注浆顶出[图2-14(b)];

(5) 利用如图2-15(a)所示的无侧限环刀对固结后的壁后注浆进行切样,切完后试样放入养护箱内养护不同龄期,利用无侧限抗压强度仪测定各龄期的无侧限强度;利用三轴仪测定固结浆液短龄期的黏聚力及内摩擦角[图2-15(b)]

(6) 利用高度为4 cm的土工环刀对固结完成后的硬性浆进行切样,切取完后将试样放入养护箱内养护不同龄期,利用如图2-16所示自行设计的柔性壁渗透装置测定硬性浆固结完成后不同龄期下的渗透系数。

(a) 活塞拔出　　　　　　(b) 顶出固结试样

图 2-14　活塞拔出及固结试验气压顶出操作

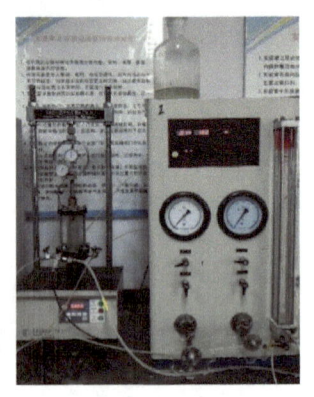

(a) 无侧限环刀切样　　　　(b) 三轴试验

图 2-15　切样及三轴试验图

图 2-16　自行设计的柔性壁渗透装置

2.5 壁后注浆非自立三轴试验

2.5.1 试验目的

工程中常遇到如盾构隧道的壁后注浆体、水泥砂浆、尾矿回填材料、疏浚淤泥等含水率高且流动性大的材料,这些都是无法自立稳定的非自立性材料。在充填、吹填或承受荷载后,这些材料都会像地基土一样在三轴应力作用下发生变形、固结,有时也会出现剪切破坏的现象。为了解决黏塑性流体的自立性问题,开展非自立三轴试验。

2.5.2 仪器设备

试验装置示意图如图 2-17 所示,设计思路如下:首先在对开模的支护下完成试样的装填,然后在不拆除对开模的条件下安装压力室并注水施加围压,随后通过活塞杆的提升作用撤销对开模的支护作用,直接利用设定的周围压力维持试样的稳定,整个过程试样均不排水,所以不会对试样的孔隙比分布带来影响。其中的关键就是如何设计有效的张拉系统实现对开模的分离以及分离后使围压均匀地作用在试样周围。

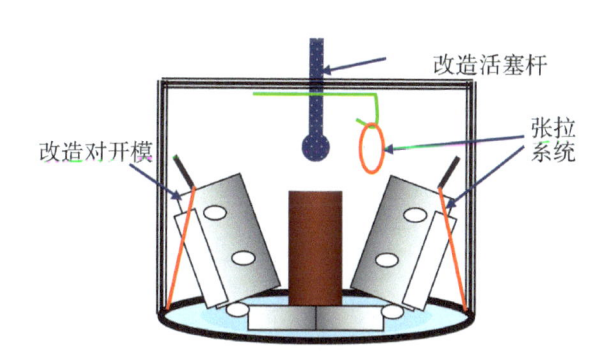

图 2-17 自立性装置示意图

图 2-18 中试验装置主要是对活塞杆和对开模进行了一定的改进,具体改造情况如图 2-18 和图 2-19 所示,可以分为以下三部分。

图 2-18 试验装置改造示意图

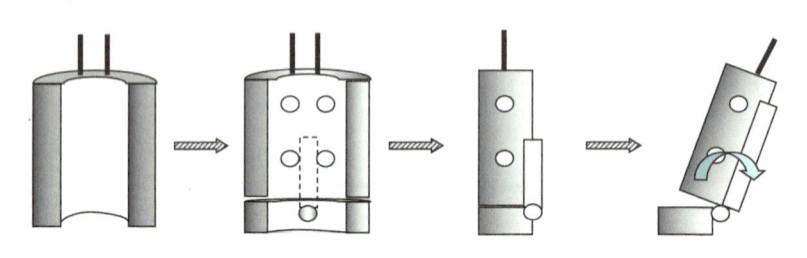

图 2-19 对开模改造示意图

首先是把对开模进行了一定的改造,包括三部分的内容:将对开模沿与底座顶端等高的水平位置上下切开,并形成可以自由转动的铰支;在对开模侧壁上对称布置一定间距的孔洞,保证装入压力室后使水压入对开模形成稳定的支护压力;在对开模顶端安置两对细螺杆,用于橡皮筋的捆绑,实现对开模的固定。

其次是对试样帽上的排水管进行长度的缩短,将试样帽原先的绕线安装方式变为直立安装方式,以保证对开模能够顺利地被分开。

最后是在活塞压力杆上安置一个弯钩通过活塞的提升达到解除对开模约束的作用。

2.5.3 试验步骤

图 2-20 所示为自立性装置的具体操作流程图。

(a) 放置透水石和滤纸 　　(b) 套入橡皮膜并固定 　　(c) 套入对开模并固定

(d) 装样 　　(e) 固定试样帽 　　(f) 捆绑张拉系统

(g) 安装压力室 　　(h) 注水 　　(i) 反压饱和

(j) 提升活塞分离对开模 　　(k) 施加围压进行试验 　　(l) 固结完成

图 2-20　自立性装置的操作流程

(1) 将透水石浸水饱和之后放置于底座之上,随后把滤纸贴置在透水石上;

(2) 检查好橡皮膜的密封性之后将其套入底座外围并用橡皮筋箍紧;

(3) 卸下对开模顶端的螺杆,浸湿内壁面并将其套入橡皮膜外端,完成之后将橡皮膜往外翻保证橡皮膜与对开模的紧贴,最后用橡皮筋将顶端固定;

(4) 装样:将制备好的试样分三层填入橡皮膜内直到达到预定高度,装完每一层后均使用直径 5 mm 的玻璃棒插捣 20 次;

(5) 装完试样后在其上一层放置滤纸、透水石和试样帽,并用橡皮筋将试样帽固定,随后记录装入试样的质量和高度;

(6) 将螺杆旋入对开模顶部,开始张拉系统的安装:首先将系在底座槽中橡皮圈上的两根对称橡皮筋分别绕在相应对开模顶部的螺杆上,这两根橡皮筋下拉时可以使对开模绕铰支往外张开,然后使用另一根橡皮筋绕到四根螺杆周围固定住对开模防止其分开;

(7) 安装压力室注水并进行试样的反压饱和:首先一人将橡皮垫圈固定在底座凹槽内,此时连接橡皮圈和对开模顶端螺杆的橡皮筋处于张拉状态,另一人则将压力室顺势压到橡皮垫圈之上并用周围螺栓使之固定维持橡皮筋的张拉状态以及压力室的密封性;随后在压力室注水进行反压饱和;

(8) 解除对开模约束:设定好围压降低活塞杆使弯钩勾在固定对开模螺杆的橡皮筋上,然后提升活塞杆解除螺杆上橡皮筋的约束,随后对开模受到连接在底部橡皮圈上的张拉橡皮筋作用发生分离,观察试样的稳定性;

(9) 重新设定固结围压进行固结排水试验,测试固结完成后试样尺寸和含水率的变化。

2.6　正交试验配比优化试验

正交试验设计和分析方法是目前最常用的工艺优化试验设计和分析方法,是部分因子设计的主要方法。正交试验以概率论、数理统计和实践经验为基础,利用标准化正交表安排试验方案,并对结果进行计算分析,最终迅速找到优化方案,是一种高效处理多因素优化问题的科学计算方法。

正交试验法的基本步骤为：

（1）明确试验目的，确定考察的目标；

（2）挑选因素和水平，制定因素水平表；

（3）选择合适的正交表，进行表头设计；

（4）明确试验方案，进行试验，测定试验结果；

（5）计算极差，得出各因素的主次影响顺序；

（6）推断最优方案或较优方案。

在研究壁后注浆配比时，可以由此得到适用于不同工程特点的浆液最优配比。

首先明确壁后注浆各性能影响因素，主要包括水灰比、膨水比、胶砂比、粉灰比、添胶比及 A 液与 B 液体积比（双液浆）等，随后确定各因素的水平范围及水平数，由此确定后续使用的"正交表"。常用的正交表有 $L_9(3^4)$（四因素三水平）、$L_{16}(4^5)$（五因素四水平）、$L_{25}(5^6)$（六因素五水平）等。

试验结束后，采用极差及方差分析法对试验结果进行分析，得到各因素对壁后注浆各性能的影响程度；同时可采用 SPSS、DPS 等软件对试验结果进行回归拟合模拟，结合目标规划法得到适用于不同工程特点的壁后注浆最优配比。

2.7 壁后注浆效果检测

在壁后注浆效果检测过程中根据其测试过程对工件的影响程度可分为：有损检测和无损检测两大类。其中有损检测是主要通过钻芯、开孔、剥层等方法观察试样的状态，是一种直观可靠的检测方法，但通常会对待测试样造成局部损伤。无损检测通常是指能量体穿透建筑结构来完成检测工作，通常不会对待测物造成损伤，如电法检测技术、电磁波检测技术、地震波检测技术等。

2.7.1 钻芯取样检测

壁后注浆钻芯取样检测是一种用于评估壁后注浆加固效果的方法。在进行壁后注浆加固后，可以通过钻芯取样来获取地下结构的样本，然后进行室内试验,以评估注浆加固后的岩土特性和强度。以下是壁后注浆钻芯取样检测的一般步骤。

(1) 准备工作:在进行钻芯取样之前,需要对勘探区域进行准备工作。确保地面平整,没有障碍物,并清理掉表面杂物;

(2) 钻孔定位:根据需要选择钻孔的位置和深度。通常,在壁后注浆加固的墙体或地基附近进行钻孔,以获取加固区域的样本;

(3) 钻孔操作:使用岩土钻机进行钻孔,如图 2-21 所示。钻孔的直径和深度根据实际情况来确定,一般直径为常用的标准钻芯直径,如常见的土工钻芯直径为 46 mm、54 mm 等。在钻孔过程中,采用冲洗方法,注入清水或泥浆,保持钻孔稳定,并将岩土样本带出;

图 2-21 钻孔取样操作

(4) 取样收集:当钻孔达到设计深度后,用岩芯钻具取样,将岩土样本取出。取样的长度一般为岩土钻芯的长度,通常为 1 m 或更长,以确保获取足够代表性的样本;

(5) 样本标识:对取样的岩土样本进行标识,记录钻孔位置、深度、取样长度等信息,以便后续试验和分析;

(6) 室内试验:将取得的岩土样本带回试验室,进行室内试验。常见的试验包括岩土密度试验、抗压强度试验、剪切强度试验等,这些试验可以帮助评估注浆加固后地下结构的强度和密实程度;

(7) 结果分析与评估:根据室内试验的结果,对注浆加固效果进行分析和评估。通过对取样样本的分析,可以判断注浆加固的效果和质量,并与设计要求进行对比。

2.7.2 探地雷达检测

目前,盾构注浆效果的监测大多使用探地雷达,在隧道内以宽频带脉冲形式通过发射天线发射高频电磁波,经管片或填充体以及地层反射,被接收天线接收,然后形成对应波形图像,通过对波形图像的解读来分析隧道内部结构形态或位置(图 2-22)。

(a) 主机　　　　　(b) 500 MHz 天线　　　　　(c) 900 MHz 天线

图 2-22　探地雷达系统

2.7.3 探地雷达基本原理

根据电磁波理论,电磁波以一定角度入射到第一电磁界面时,就会产生电磁波的反射和折射(图 2-23a),形成反射波和折射波。对于第二电磁界面,可把第一界面的折射波作为第二界面的入射波看待,则在第二电磁界面又形成反射波和入射波。如此可以在各个电磁分界面上继续分下去。雷达工作时,位于地面上的接收天线在接收到地下回波后,直接传输到接收机,信号在接收机经过整形和放大等处理后,经电缆传输到雷达主机,再经处理后传输到微机,就会形成如图 2-23b 所示的雷达信号。

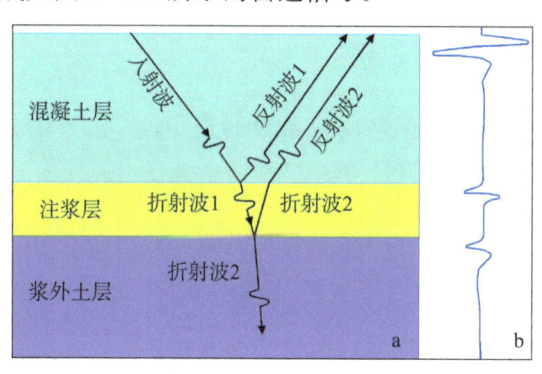

图 2-23　电磁波传播示意图(a:模型示意图; b:雷达信号示意图)

探地雷达方法是根据高频(偶极子)电磁波在地下介质传播的理论,利用发射天线将高频电磁波(50 MHz~2 000 MHz)以宽频带短脉冲形送入介质内部,经目标体反射后回到表面,再由接收天线接收回波信号。电磁波在介质中传播时,其路径、电磁场强度及波形随所通过的介质的电性性质及几何形态而变化,根据反射回波的双程走时、幅度、相位等物理信息,可对介质的内部结构进行判释。

雷达图像剖面图常以脉冲反射波的形记录,如图 2-24 所示:波形以彩色剖面形表示,等色线可形象地表征出地下反射面或目的体,另外在波形记录图上,各测点的水平位置以测线的铅垂方向记录波形,构成雷达成像剖面。根据雷达剖面图像,可判断反射界面或目的体,而且快速、直观、无损伤。

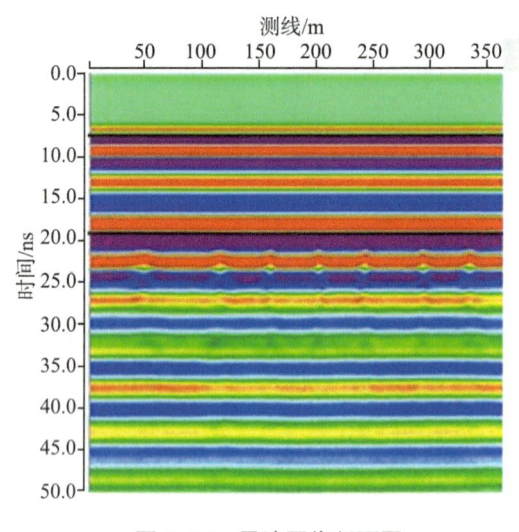

图 2-24 雷达图像剖面图

2.7.4 隧道中雷达波相识别

隧道衬砌与结构层位雷达反射系数的正负,决定反射波振幅正负,其中反射系数的定义为:

$$R = \frac{A_{入射}}{A_{反射}} = \frac{\sqrt{\varepsilon_1} - \sqrt{\varepsilon_2}}{\sqrt{\varepsilon_1} + \sqrt{\varepsilon_2}} \quad (2.7\text{-}1)$$

式中:ε_1 和 ε_2 分别为入射层和反射层的介电常数。

由公式(2.7-1)可知雷达波在隧道盾构壁后注浆检测中的主要反射有：
(1) 空气-管片内表面：负反射，差异大，反射强；
(2) 管片外-注浆内壁：负反射，差异小，反射弱；
(3) 注浆外壁-注浆外土层：负反射，差异小，反射弱。

如图 2-25 所示，通常根据反射波的振幅与方向、反射波的频谱特性及反射波同相轴形态特征进行综合判断、分析、识别，获得管片与注浆体的分布。

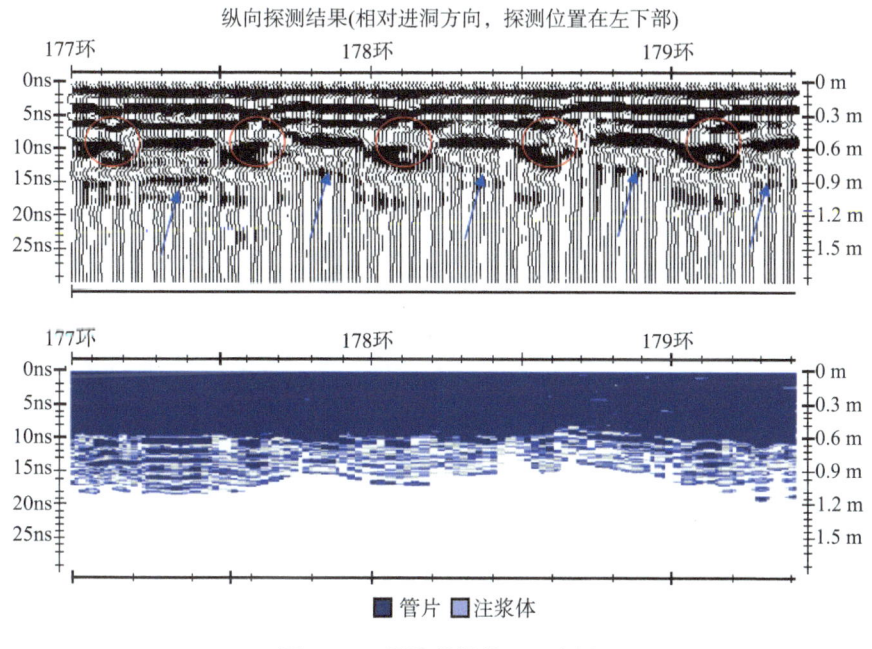

图 2-25 雷达数据处理示意图

2.7.5 探地雷达天线

探地雷达(Ground-Penetrating Radar，GPR)的天线频率范围通常在几百兆赫兹(MHz)到几千兆赫兹(GHz)之间。具体的天线频率范围取决于不同的 GPR 系统和应用需求。不同频率范围的 GPR 在不同的应用场景下各有优劣。低频 GPR 可以深入地下，但分辨率较低；而高频 GPR 分辨率较高，但穿透能力较弱，不能深入地下。因此，根据具体的应用需求和勘探目标，选择合适的 GPR 频率范围非常重要。如下表 2-1 所示。

表 2-1　探地雷达天线类型

天线类型	中心频率(MHz)	检测深度(m)	应用范围
屏蔽天线	100～3 000	35.00～0.35	混凝土、钢筋、桥梁缺陷检测；工程市政管线、隧道衬砌检测；浅层环境地质勘查、隧道超前预报
非屏蔽天线	25～100	85.00～20.00	野外深层环境、地质、水文勘察等

2.7.6　雷达介电常数试验校正

介电常数是一种物质在外加电场的情况下，储存极化电荷的能力，由被探测的地下介质电性特征决定。介电常数表征绝缘能力特性，以字母 ε 表示。为了定量检测盾构隧道壁后注浆的厚度和分布情况，必须在检测前确定浆液的介电常数。图 2-26 为测定介电常数的现场试验。

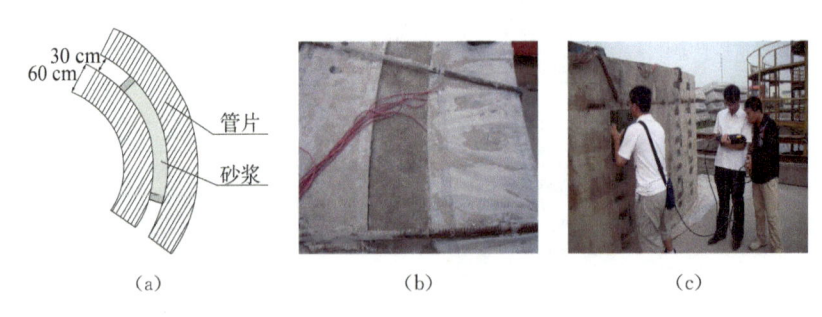

图 2-26　现场测定介电常数试验

电磁波传播速度 V 可由介质的介电常数 ε 和电磁波在空气中的传播速度 c 求得，公式如下：表 2-2 为室温下常见介质的相对静介电常数。

$$v = c / \sqrt{\varepsilon} \tag{2.7-2}$$

表 2-2　室温下常见介质的相对静介电常数

材料	相对静介电常数	材料	相对静介电常数
真空	1	石墨	10～15
空气	1.000 6	混凝土	4.5
冰	3.2	液态氨	22
水	81	甲醇	30
聚四氟乙烯	2.1	甲酰胺	84
泡沫聚苯乙烯	1.03	二氧化钛	86～173

续表

材料	相对静介电常数	材料	相对静介电常数
干土	3	锗	16
石英	4	硅	12
玻璃	5~10	锑化铟	18
三氧化二铁	12~16	砷化铟	14.5
金刚石	5.5~10	磷化铟	14
盐	3~15	锑化镓	15
橡胶	7	砷化镓	13

标定探地雷达的介电常数是非常重要的步骤,因为它影响到雷达信号在地下介质中的传播速度和反射特性。正确的介电常数标定可以提高数据的准确性和解释能力。下面是探地雷达介电常数的标定步骤:

(1) 了解被测材料:首先,要对被测地下材料进行充分了解。了解其组成、含水量、密度等物理性质对于介电常数标定至关重要。如果有可用的先前地质资料,也可以参考这些信息;

(2) 选择标定样本:选择代表被测材料的标定样本。标定样本应具有所关注的范围内的介电常数。最好选择与实际勘探区域类似的地质材料,以尽量减少误差;

(3) 准备标定场地:确保标定场地的地面平坦且干燥,避免其他杂散信号的干扰。在场地上摆放标定样本,保证它们与地面充分接触;

(4) 进行标定扫描:使用探地雷达对标定样本进行扫描。在扫描时,记录接收到的信号,并将数据保存;

(5) 分析数据:将收集到的标定数据导入分析软件中。根据所采集的信号和已知的样本介电常数,进行数据分析和处理。通常,使用反演算法或其他计算方法来推算出样本的介电常数;

(6) 确定标定曲线:通过分析标定数据,可以绘制出标定曲线,它显示了雷达信号与介电常数之间的关系。这样的标定曲线可以用于将后续勘探数据转换成介电常数信息;

(7) 应用于实际数据:根据标定曲线,将实际勘探区域的雷达数据转换成介电常数信息。这样可以得到更准确的地下结构成像。

2.7.7 探地雷达测试步骤

探地雷达的测试过程通常有准备、扫描、数据采集和数据分析等步骤。以下是一般的探地雷达测试过程。

1）准备工作

（1）了解勘探区域：在开始测试之前，了解勘探区域的地质环境和勘探目标是非常重要的。这包括了解地下材料的类型、深度范围、预期的目标以及可能遇到的干扰或障碍物等信息；

（2）选择合适的 GPR 设备：根据勘探目标和需求选择适合的探地雷达设备，包括合适的频率范围和天线类型；

（3）测线布置：由于现场施工条件的限制，加之隧道直径较大，现有设备无法对整个隧道所有管片进行探测，现场根据条件选取有代表性的测线和环向进行探测，雷达测线布置见图 2-27。

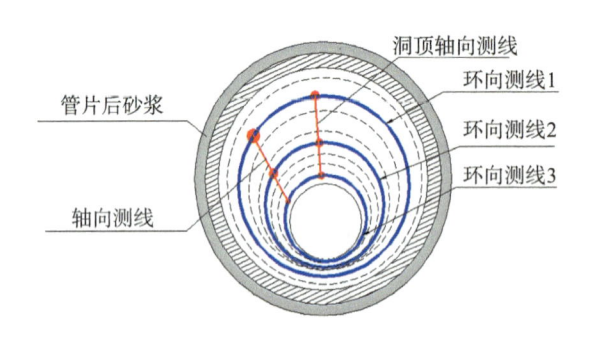

图 2-27 雷达测线布置示意图

2）扫描与数据采集

（1）设置 GPR 系统：将 GPR 设备连接并设置好所需的参数，如频率、采样率、增益等。根据勘探目标可能需要调整这些参数以获取最佳结果；

（2）进行扫描：使用 GPR 设备的天线在地面上进行扫描。通常，测试人员会步行或使用车辆等工具沿着勘探区域进行横向或纵向扫描。隧道环向测线作业示意图见图 2-28；

（3）数据采集：GPR 设备会发送无线电波并接收地下反射的信号。收集到的数据会以剖面图或雷达图的形式显示在 GPR 设备上或连接的计算机上。

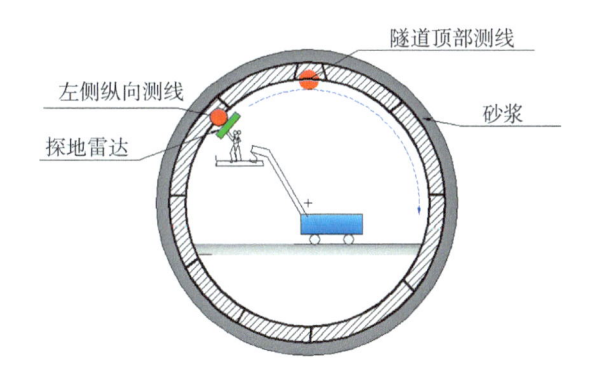

图 2-28 隧道环向测线作业示意图

现场数据采集过程见图 2-29。

图 2-29 现场探测照片

3) 数据分析与解释

(1) 数据处理：将收集到的原始数据导入数据分析软件中，可能需要对数据进行预处理，如滤波、增强等；

(2) 图像处理：根据数据进行成像处理，生成地下结构的图像或剖面图。这些图像可以帮助解释地下的特征和目标；

(3) 数据解释：根据图像和剖面图的结果（图 2-30），进行数据解释和分析。识别可能的地下结构、目标或异常。

4) 报告与应用

(1) 编写报告：根据测试结果撰写相应的报告，记录勘探的发现和解释；

(2) 应用：根据测试结果，为工程建设及后续施工措施等提供必要的信息和建议。

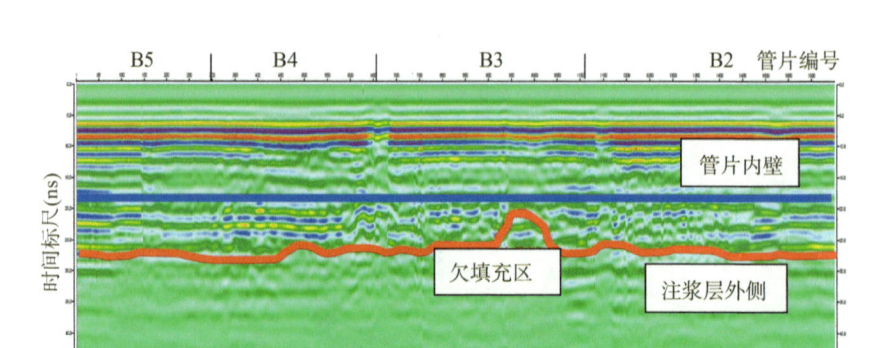

图 2-30 注浆区域雷达探测结果

第 3 章

土压盾构渣土改良试验

3.1 气泡基本性质测试

在土压平衡盾构施工中,泡沫剂可以改善开挖土体的流动性,保持开挖面的稳定。因此需对泡沫剂的基本性质进行测试。

常用的发泡装置由进液系统、泡沫混合器和气体系统组成。试验时,将配制好的泡沫剂溶液装入进液系统中的泡沫桶内,再设定泡沫剂溶液的流量和压力,利用压缩机产生压缩气体,使泡沫剂溶液在压力下产生稳定的泡沫,见图 3-1。

图 3-1 发泡装置图

泡沫的发泡性和稳定性是泡沫在实际应用中最重要的两个基本性质。泡沫的发泡性是指泡沫生成的难易程度和生成泡沫量的多少;泡沫的稳定性是指生成泡沫的持久性(寿命),即消泡的难易。下面分别介绍几种可以反映泡沫发泡性和稳泡性的指标及其测试方法。

3.1.1 气泡群密度测试试验

3.1.1.1 试验目的

评价发泡剂的起泡能力。

3.1.1.2 仪器设备

(1)发泡装置 1 套;

(2)塑料桶 1 个,容积 15 L;

(3) 电子秤 1 台,最大量程 2 000 g,精度 0.1 g;

(4) 带刻度的不锈钢量杯 1 个,内径 108 mm,高 108 mm,壁厚 2 mm,容积 1 L;

(5) 带刻度的量筒 1 个,量程 50 mL;

(6) 平口刀 1 把,刀长 150 mm;

(7) 钢直尺 1 把,尺长 150 mm,分度值 0.5 mm;

(8) 深度游标卡尺 1 把,精度 0.02 mm;

(9) 方纸片 1 张,边长 50 mm;

(10) 秒表 1 块。

3.1.1.3 试验步骤

(1) 应按稀释倍率计算好稀释水和发泡剂,并将发泡液倒入发泡装置的容器内;

(2) 启动发泡装置,调节阀门,并观察出口气泡群质量,直到气泡群密度满足 48 kg/m³~52 kg/m³ 时为止;

(3) 用量杯在管口接取气泡群,并应使气泡群充满整个量杯;

(4) 应采用平口刀沿量杯杯口平面刮平气泡群;

(5) 应将电子秤放置于水平桌面上;

(6) 应将量杯平放于电子秤上,并称取量杯质量 m_0;

(7) 称取量杯加气泡群质量 m_1;

(8) 气泡群密度应按下式计算:

$$\rho_f = \frac{m_1 - m_0}{V_0} \quad (3.1\text{-}1)$$

式中:ρ_f——气泡群密度(kg/m³),精确至 1 kg/m³;

m_1——量杯加气泡群质量(g),精确至 1 g;

m_0——量杯质量(g),精确至 1 g;

V_0——量杯体积(cm³),精确至 1 cm³。

(9) 应清洗并擦干仪器设备,并重复(2)~(4)试验步骤 2 次;

(10) 应取两次试验结果的算术平均值作为气泡群密度;

(11) 气泡群密度试验应在每次取样后 5 min 内完成。

3.1.2 沉降距和泌水量试验

3.1.2.1 试验目的

评价发泡剂的稳泡能力。

3.1.2.2 仪器设备

(1) 发泡装置 1 套；

(2) 塑料桶 1 个，容积 15 L；

(3) 电子秤 1 台，最大量程 2 000 g，精度 0.1 g；

(4) 带刻度的不锈钢量杯 1 个，内径 108 mm，高 108 mm，壁厚 2 mm，容积 1 L；

(5) 带刻度的量筒 1 个，量程 50 mL；

(6) 平口刀 1 把，刀长 150 mm；

(7) 钢直尺 1 把，尺长 150 mm，分度值 0.5 mm；

(8) 深度游标卡尺 1 把，精度 0.02 mm；

(9) 方纸片 1 张，边长 50 mm；

(10) 秒表 1 块。

3.1.2.3 试验步骤

(1) 按 3.1.1 的试验步骤制取气泡群，并应将装满气泡群的量杯平放于水平桌面上；

(2) 将方纸片平放于标准气泡柱表面中央，并应静置 1 h；

(3) 应将钢直尺平放于量杯的杯口中间；

(4) 应采用深度游标卡尺测量钢直尺下沿至方纸片的垂直距离，即为标准气泡柱静置 1 h 的沉降距（mm）；

(5) 应将量杯中分泌的水倒入量筒中，测得其水的体积，即为标准气泡柱静置 1 h 的泌水量(mL)；

(6) 清洗并擦干仪器设备，并应重复(1)~(5)试验步骤 2 次；

(7) 应取 3 次沉降距试验的算术平均值作为标准气泡柱静置 1 h 的沉降距；

(8) 应取 3 次泌水量试验的算术平均值作为标准气泡柱静置 1 h 的泌水量；

(9) 标准气泡柱的沉降距及泌水量试验应在每次取样后 70 min 内完成。

3.1.3 发泡倍率试验

3.1.3.1 试验目的

发泡率是影响泡沫工作性质至关重要的参数，一般来说发泡率越大，泡沫性质越佳，但过大的发泡率亦会引起泡沫稳定性的降低，因此在渣土改良中往往将发泡率控制在 10~20 倍之间。

3.1.3.2 仪器设备

(1) 烧杯；

(2) 电子秤。

3.1.3.3 试验步骤

(1) 将干净的烧杯放置于电子秤上，示数清零；

(2) 将发泡装置生成的泡沫装入烧杯内并读出烧杯内泡沫的体积；

(3) 随后将盛有泡沫的烧杯放上电子秤，读出泡沫的质量(图 3-2)；

(4) 忽略发泡液中的添加剂质量，发泡液的密度约等于水的密度，利用泡沫的质量除以水的密度即可求出发泡液的体积。

(5) 按式 3.1-2 计算发泡倍率：

$$FER = \frac{V_f}{V_l} \tag{3.1-2}$$

式中：FER 为发泡率；V_f 为生成泡沫体积；V_l 为消耗的发泡液体积。

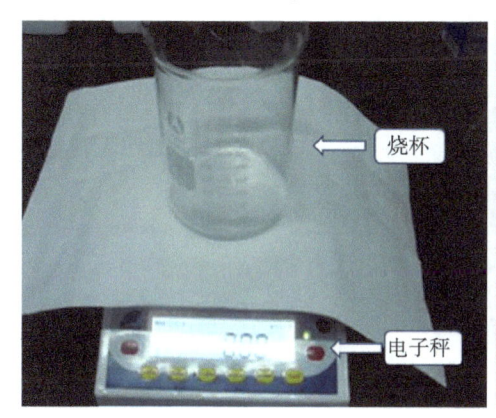

图 3-2 发泡倍率测试装置

3.1.4 半衰期试验

3.1.4.1 试验目的

半衰期是指从泡沫中排出 50% 的液体混合物所需的时间，代表泡沫的稳定性。在盾构隧道工程中，泡沫性质需在一段时间内保持稳定以满足施工要求。根据规范，半衰期应大于 6 min。

3.1.4.2 仪器设备

（1）电子秤；

（2）秒表；

（3）自制测量装置（图 3-3）。

3.1.4.3 试验材料

（1）稀释水；

（2）发泡剂。

3.1.4.4 试验步骤

（1）将试验容器置于电子秤上，示数清零；

（2）发泡装置生成泡沫，装入试验容器内，放在电子秤上，测得泡沫的初始质量；

（3）随后将试验容器放在支架上，启动秒表计时，动态测量支架下杯子中流入溶液的质量，当溶液质量达到泡沫初始质量的一半时，停止计时，此时秒表读数即为半衰期。

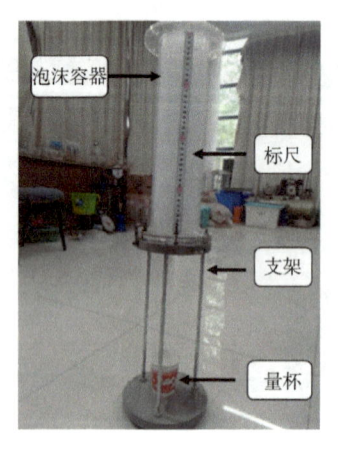

图 3-3 泡沫半衰期测量装置

3.1.5 泡沫微观形态

3.1.5.1 试验目的

观测泡沫的微观形态，测试泡沫的粒径大小。

3.1.5.2 仪器设备

使用 Olympus-CX31 显微镜观察泡沫并使用相机对准物镜拍摄照片，使用 Image J 软件，对拍摄出的泡沫照片进行后期处理，得出准确泡沫粒径（图 3-4）。

图 3-4 泡沫形态收集处理系统

3.1.5.3 试验步骤

（1）调试仪器，调整至所需倍率。

（2）用滴管将发泡出的泡沫放置于载玻片上，要求是泡沫尽量紧贴于载玻片，避免泡沫堆叠影响观察及拍摄效果。

（3）调整目镜焦距直至视野内泡沫变清晰。待视野明晰后，及时使用相机对准目镜拍照。调整泡沫区域，每次试验选取不同区域拍摄三张以上不同照片（图 3-5）。

（4）使用 Image J 软件中的粒径分析功能（Analyze→Analyze Particles）直接得出泡沫的各个粒径及平均粒径（图 3-6）。

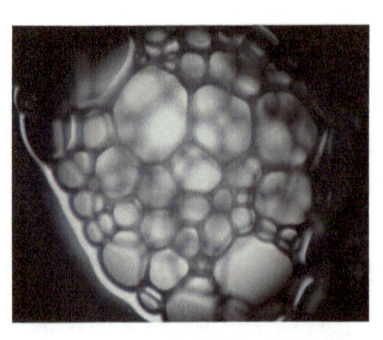

图 3-5　泡沫显微镜照片示例图　　图 3-6　泡沫粒径分布示例图

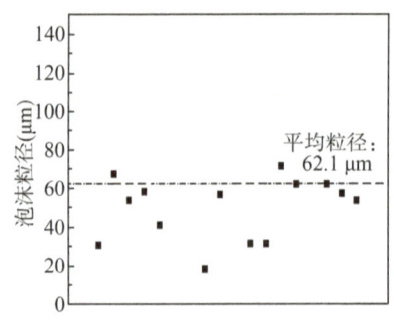

3.2　膨润土泥浆密度测试

3.2.1　试验目的

测试泥浆的密度。

3.2.2　仪器设备

泥浆密度秤(图 3-7)。

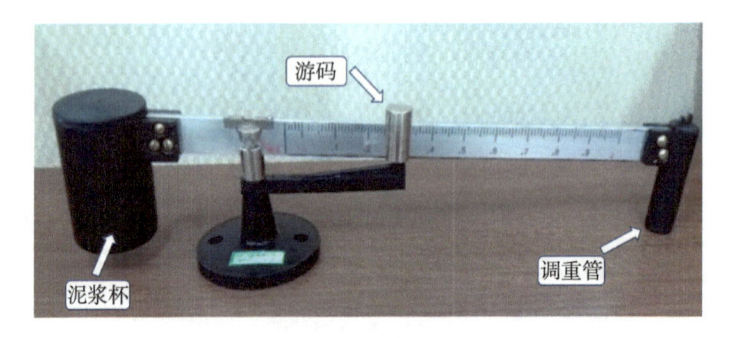

图 3-7　泥浆密度秤

3.2.3　试验步骤

在测试泥浆密度前,先要对密度秤进行校正,步骤如下:
(1) 将泥浆密度秤擦洗干净,置于水平台面上;

（2）往密度秤的泥浆杯中注满无气蒸馏水（现场可用洁净清水代替），盖紧杯盖，使多余的水从杯盖中心孔溢出，然后擦净仪器表面的水分；

（3）将密度秤的主刀口轻轻地放到底座的主刀垫上；

（4）移动杠杆上的游码至刻度线 1.0 处，此时仪器红杆上的水平气泡应处于中心位置，否则仪器失准，需要调整；

（5）调整方法：增减杠杆标尺末端平衡圆柱内的金属颗粒，使水平气泡处于中间位置。

使用密度秤检测泥浆密度的步骤：

（1）将待测泥浆装满泥浆杯，盖上杯盖，使多余的泥浆从杯盖中心孔排出；

（2）用手指压住杯盖中心孔，清洗仪器外表泥浆后，并擦净仪器表面水分；

（3）将密度秤主刀口轻轻置于底座的主刀垫上；

（4）移动杠杆标尺上的游码，当水平气泡居于水斗位置时，读出游码右侧的刻度值，即为泥浆密度。

3.3 聚合物改良剂特性黏数测试

盾构渣土改良领域最常用的聚合物改良剂有聚丙烯酰胺（PAM）、羧甲基纤维素（CMC）、聚阴离子纤维素（PAC）等。本节以 PAM 为例介绍。

聚丙烯酰胺（PAM），分子量为 1800 万，是一种人工合成的高分子聚电解质，分子链上同时含有阴、阳离子基团，具有很好的水溶性、溶胀性，能很快地吸水膨胀并增黏。PAM 可将砂颗粒间的自由水挤走，在砂颗粒与水之间形成絮状凝聚物，降低内摩擦角，提高流动性。

3.3.1 试验目的

特性黏数是衡量 PAM 吸水膨胀增黏性能的指标。

3.3.2 仪器设备

（1）玻璃砂芯漏斗：G-2 型；

（2）容量瓶；

（3）移液管；

(4) 漏斗；

(5) 烧杯；

(6) 量筒；

(7) 秒表；

(8) 非稀释型黏度计(图 3-8)。

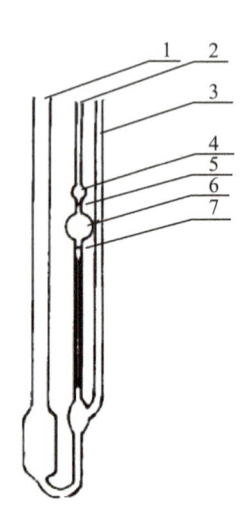

1-注液管；2-测量毛细管；3-气悬管；4-缓冲球；5-上刻线；6-定量球；7-下刻线。

图 3-8　非稀释型黏度计

3.3.3　试样制备

粉状聚丙烯酰胺在 100 mL 容量瓶中称入 0.05～0.1 g 均匀的粉状试样，准确至 0.000 1 g。加入约 48 mL 的蒸馏水经常摇动容量瓶。待试样溶解后，用移液管准确加入 50 mL 浓度 2.00 mol/L 的氯化钠溶液，放在 30±0.05℃ 水浴中。恒温后，用蒸馏水稀释至刻度，摇匀，用干燥的玻璃砂芯漏斗过滤，即得试样浓度约 0.000 5～0.001 g/mL，氯化钠浓度为 1.00 mol/L 的试样溶液放在恒温水浴中备用。

3.3.4　试验步骤

(1) 将恒温水浴的温度调节在 30±0.05℃。

（2）在非稀释型黏度计的管 2、管 3 的管口接上乳胶管；将黏度计垂直固定在恒温水浴中，水面应高过缓冲球 2 cm。

（3）用移液管取 10 mL 试样液，由管 1 加黏度计，应使移液管对准管 1 的中心，避免溶液挂在管壁上；待溶液自然流下后，静止 10 s，用洗耳球将最后一滴吹入黏度计；恒温 10 min。

（4）紧闭管 3 上的乳胶管，慢慢用注射器将液抽入球 6，待液面升至球 4 一半时，取下注射器放开管 2 上的乳胶管，让溶液自由下落。

（5）当液面下降至刻线 5 时，启动秒表，至刻线 7 时，停止秒表，记录时间；启动和停止秒表的时刻，应是溶液弯液面的最低点与刻线相切的瞬间，观察时应平视。

（6）按前述重复测定三次，各次流经时间的差值应不超过 0.2 s；取三次测定结果的算术平均值为该溶液的流经时间 t。

（7）洗净黏度计。干燥后，在其中加入经干燥的玻璃砂芯漏斗过滤的、浓度为 1.00 mol/L 的氯化钠溶液 10～15 mL。恒温 10 min 后，测得流经时间 t_0。

3.3.5 结果整理

（1）计算试样溶液的相对黏度：

$$\eta_t = \frac{t}{t_0} \tag{3.3-1}$$

式中：η_t——相对黏度；

t——试样溶液的流经时间；

t_0——1 mol/L 氯化钠溶液的流经时间。

（2）在《聚丙烯酰胺特性粘数测定方法》(GB 12005.1—1989) 表 1 中查得相应的 $[\eta] \cdot c$，将其除以试样浓度即得试样得特性黏数。

3.4 改良后渣土的性能试验

3.4.1 渗透试验

常水头渗透试验与变水头渗透试验的测试方法和仪器参照上文 1.1.5；

改良渣土的渗透系数亦可使用自制压渗透仪进行渗透试验。

3.4.1.1 试验仪器

自制渗透仪(图 3-9)。

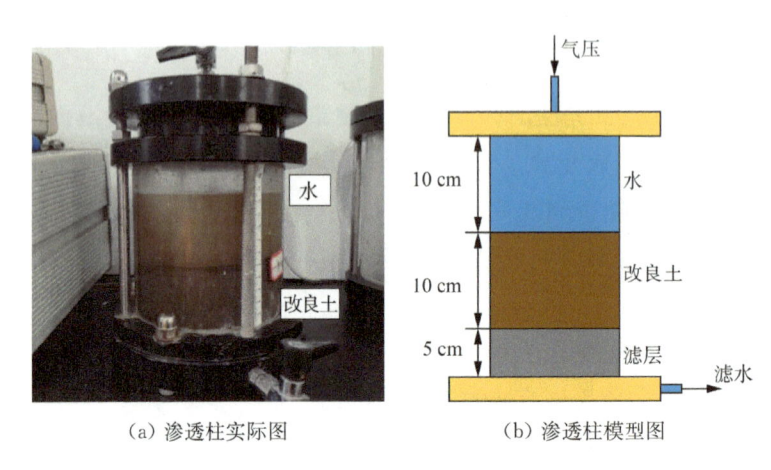

(a) 渗透柱实际图　　(b) 渗透柱模型图

图 3-9　渗透柱示意图

3.4.1.2 试验步骤

(1) 依次装入滤层和砂层,向试样筒里加水至上出水口出水时停止;

(2) 关闭下出水口及中出水口后压入活塞并加压至地层初始水头高度,并将下出水口打开,测量时间 t 内流出水的体积 V,测得渗透系数。盾构常见埋深 10~20 m,故渗透试验压力取 0.1 MPa~0.2 MPa。

3.4.1.3 结果处理

改良土的渗透系数 k 应小于 10^{-5} cm/s。渗透系数 k 计算公式见 3.4-1:

$$k = \frac{VL}{AHt} \tag{3.4-1}$$

式中:V——渗透流量;

　　A——渗透柱的横截面积;

　　H——渗透水头,由于装置内水高度相比外加气压很小,可忽略不计,故取气压值为总水头值;

　　t——渗透时间;

　　L——渗透路径长度。

3.4.2 直剪试验

3.4.2.1 试验目的

测试改良后渣土的抗剪切能力和强度特征。

3.4.2.2 仪器设备

ZJ 型应变控制型四联直剪仪见图 3-10。

图 3-10　ZJ 型应变控制型四联直剪仪

3.4.2.3 试验步骤

（1）对试样施加垂直压力后，拔去固定插销，在水平力的作用下以 0.8 mm/min 的剪切速度进行剪切；

（2）试样每产生剪切位移 0.2 mm 时，记录位移读数，剪切至 6 mm 时停止，测得强度即为快剪强度；

（3）四联直剪仪由四个直剪仪并列组成，对四个直剪仪分别施加 100 kPa、200 kPa、300 kPa、400 kPa 的垂直压力。以抗剪强度为纵坐标，垂直压力为横坐标，拟合得到抗剪强度曲线。直线与纵轴的截距即为黏聚力 c，直线与水平轴的夹角即为该土样的内摩擦角 φ。

3.4.3 十字板剪切试验

3.4.3.1 试验目的

测试改良后渣土的抗剪强度和流变性能。

3.4.3.2 仪器设备

应变控制型电动十字板仪(图 3-11)。

3.4.3.3 试验步骤

(1) 准备好试验需用土样,装入土样桶;

(2) 选取合适的扭矩传感器及十字板头(图 3-12),安装在指定位置;

(3) 再将容器放置在机架上,调整十字板中心,旋转手柄,调整参数完成标定;

(4) 十字板插入土样后,在触摸屏或者软件上设置旋转速度、最大角度、采集间隔等试验参数,点击触摸屏上的启动剪切和启动记录,或者在软件中点击剪切按钮,开始试验;

(5) 试验结束后取出土样,清洗容器。

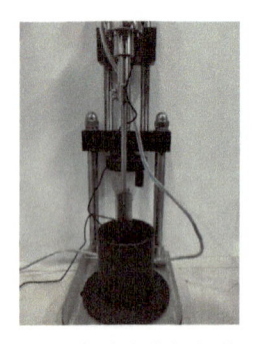

图 3-11 电动十字板仪装置图

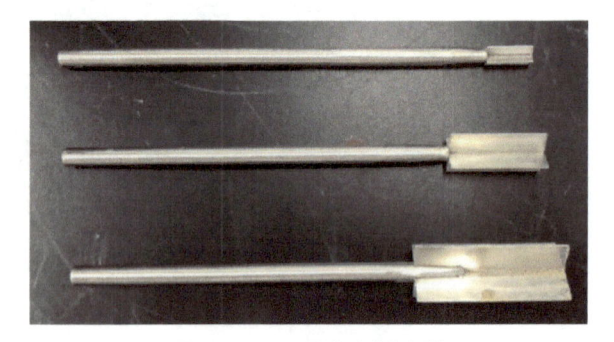

图 3-12 不同十字板头图

3.4.4 跳桌试验

测试改良后渣土的流动度。跳桌试验的试验仪器与试验步骤参照上文 2.4.1。

3.5 黏附性评价

在盾构掘进过程中时常需要穿越黏性地层,渣土易黏附于盾构刀盘、刀具等金属材料上,在高温高压下极易在金属材料上形成泥饼,并造成刀具偏磨等问题,严重影响掘进效率。目前学术界对于渣土黏附性主要通过拉拔试验、搅拌黏附试验、旋转剪切试验等进行评价。

3.5.1 拉拔试验

3.5.1.1 试验目的

模拟螺旋出土器的排土过程中土体对钢材表面的黏附作用这一过程,通过测量土体与钢材的黏附阻力,得出土体与钢材的黏附阻力系数,从而衡量土体的流动性。

3.5.1.2 仪器设备

(1) 拉力计;

(2) 铁筒、铁箱。

3.5.1.3 试验步骤

(1) 将铁筒置于铁箱之上,在其中填满改良土体,将改良土体上部抹平。

(2) 将铁筒缓缓提起,当铁筒刚刚提起时停止继续向上提筒。

(3) 测定此时的黏附阻力 F,即为改良土体与铁筒的黏附阻力。

(4) 每次试验做 3~5 组,结果取其平均值。由于本次试验中实际测得的原始的黏附阻力量纲为质量单位,要转化为重量单位,所以采用公 $F=Mg$ 进行转换。

实际的试验装置如图 3-13 所示:

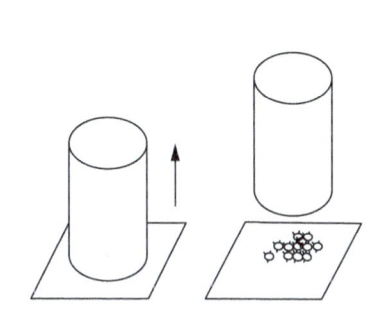

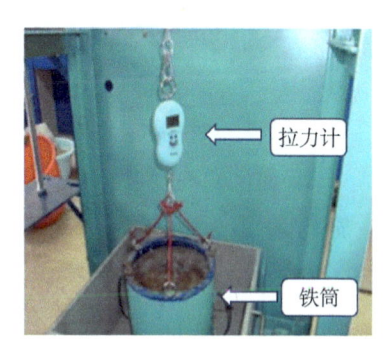

图 3-13 拉拔试验装置图

3.5.2 搅拌黏附试验

3.5.2.1 试验目的

评价土体的黏附性。

3.5.2.2 仪器设备

改良土黏附率测定装置(图 3-14)。亦可自行设计相关装置。

3.5.2.3 试验步骤

将土样装于置样器内,将搅拌器伸入试样中搅拌一定时间,最终测定黏附于搅拌器上土的比例,即为土样的黏附率 λ,λ 越大代表土样的黏附性越强,λ 计算公式:

$$\lambda = \frac{G_{MT}}{G_{TOT}} \tag{3.5-1}$$

式中:G_{MT}——黏附在搅拌扇叶上面的土的质量;

G_{TOT}——搅拌土样的总质量。

(a) 搅拌器　　　　　　(b) 搅拌过程　　　　　　(c) 称量

图 3-14　改良土黏附率测定装置

3.5.3 旋转剪切试验

3.5.3.1 试验目的

旋转剪切仪能够测定黏土与金属界面的切向黏附强度,可模拟盾构开挖过程中在不同压力、转速条件下土-金属界面的黏附强度,通过对比改良前后渣土的黏附强度,评价改良剂对土样黏附强度的影响。

3.5.3.2 仪器设备

旋转剪切仪如图 3-15。

3.5.3.3 试验步骤

将金属剪切圆盘埋于土样之中,对试样腔施加一定压力,使金属剪切圆盘在一定土压下进行旋转剪切,并记录剪切所需的扭矩 T,按照下式即可换算为土-金属界面黏附强度。

$$a_c = \frac{6T}{\pi D^3} \quad (3.5-2)$$

式中:a_c——土-金属界面黏附强度;

T——旋转扭矩;

D——圆金属板的直径。

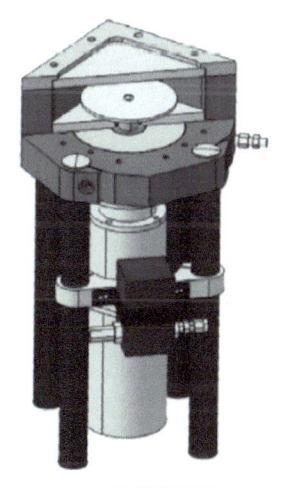

(a)仪器示意图　　(b)仪器照片

图 3-15 旋转剪切仪

第 4 章

泥水盾构泥浆配制及成膜试验

4.1 膨润土基本性质

为了评价膨润土的颗粒大小、吸湿性、膨胀性和离子交换性,测试膨润土的过筛率、水分含量、吸水率、膨胀容和阳离子交换容量等指标。

4.1.1 过筛率测定

4.1.1.1 试验目的
为评价膨润土颗粒大小,测试膨润土过筛率。该测试适用于钠基膨润土、钙基膨润土等各种膨润土。

4.1.1.2 仪器设备
(1) 试验筛:筛孔直径为 75 μm;

(2) 羊毛刷:毛长约 3 cm,刷宽约 5 cm;

(3) 天平:精度为 0.001 g;

(4) 振荡机:偏心振动振荡机,振动次数 221 次/min,振击次数 147 次/min。

4.1.1.3 试验步骤
(1) 称取在 105±3℃烘干 2 h 的试样约 10 g,精确至 0.001 g。移入装有底盘的试验筛中,盖上筛盖,放进振荡机中,旋紧;

(2) 启动振荡机,筛分 15 min 后停机。取出标准筛(包括筛盖和筛底),倒出筛底内的试样;

(3) 取出标准筛,用毛刷将筛底中的试样仔细收集到已知质量的称量瓶中,称量,精确到 0.001 g;

(4) 重新装上筛底和筛盖,在振筛机上进行检查筛分 1 min 后,再次取出标准筛,直至达到筛分终点。筛分终点的判定是在筛子下垫一张黑纸,轻刷试料,刷筛至没有在黑纸上留下痕迹,即为筛分终点。

4.1.1.4 结果整理
按下式计算过筛率(75 μm,干筛):

$$S = \frac{m - m_1}{m} \times 100\% \tag{4.1-1}$$

式中：S——过筛率（75 μm，干筛）；

　　m——试样质量，单位为克（g）；

　　m_1——筛余物质量，单位为克（g）。

取平行测定结果的算术平均值为测定结果，两次平行测定的相对偏差不大于 2%。

4.1.2 水分含量测定

4.1.2.1 试验目的

测试膨润土水分含量。该测试适用于钠基膨润土、钙基膨润土等各种膨润土。

4.1.2.2 仪器设备

（1）天平：精度为 0.001 g；

（2）烘箱：最高温度不低于 120℃，控温精确度±3℃以内；

（3）称量瓶：ϕ50 mm，高 30 mm。

4.1.2.3 试验步骤

（1）称取约 10 g 试样（精确至 0.001 g），放入已恒重的称量瓶中，使试样在瓶底均匀的铺开；

（2）将称量瓶置入 105±2℃的烘箱中，取下瓶盖，烘 2 h 后，再将瓶盖盖上，取出，置于干燥器中冷却至室温，称量（精确至 0.000 1 g）。

4.1.2.4 结果整理

按下式计算水分含量（质量分数）：

$$W = \frac{m_2 - m_3}{m_2 - m_4} \times 100\% \qquad (4.1\text{-}2)$$

式中：W——水分含量（质量分数）；

　　m_2——烘干前称量瓶和膨润土的质量，单位为克（g）；

　　m_3——烘干后称量瓶和膨润土的质量，单位为克（g）；

　　m_4——称量瓶的质量，单位为克（g）。

取平行测定结果的算术平均值为测定结果，两次平行测定的相对偏差不大于 2%。

4.1.3 吸水率测定

4.1.3.1 试验目的

膨润土通过多孔毛细管吸水膨胀,质量随吸水程度提高而增加,测量一定时间段内的吸水增重,从而计算出该时间段的吸水率。适用于钠基膨润土、钙基膨润土等各种膨润土。

4.1.3.2 仪器设备

(1) 多孔陶瓷板:250 mm×250 mm×60 mm,孔径150~170 μm(按 GB/T 1967—1996 测定),显气孔率 30%~43%(按 GB/T 1966—1996 测定);

(2) 玻璃容器:350 mm×350 mm×100 mm;

(3) 天平:精度为 0.001 g;

(4) 中速定量滤纸:ϕ125 mm;

(5) 烘箱:最高温度不低于 120℃,控温精确度在±3℃以内。

4.1.3.3 试验准备

把多孔陶瓷板放入玻璃容器中,用蒸馏水浸没,使多孔陶瓷板浸透。试验时始终保持使多孔陶瓷板上表面高出水面 6 mm±1 mm,并使玻璃容器和水温度稳定在 20±2℃。

4.1.3.4 试验步骤

(1) 将两张中速定量滤纸放在蒸馏水中浸渍 30 s,使其吸水饱和,然后放在多孔陶瓷板上平衡水分 60 min 后,分别称量滤纸;

(2) 称量后的滤纸用镊子和铲刀小心地平铺于多孔陶瓷板上,两张滤纸边缘间距不得小于 1 cm;

(3) 称取两份 2 g±0.001 g 已在 105±3℃温度下烘干恒重后 2 h 的膨润土样品,分别均匀地撒在两张湿滤纸上,膨润土的散布直径约 9 cm;

(4) 将滤纸和膨润土对称放置在多孔陶瓷板上(注意不要重叠),盖上玻璃容器盖。在 20±2℃静置 2 h 后,用镊子和铲刀仔细取出湿滤纸和湿膨润土,在天平上称量(精确至 0.000 1 g)。

4.1.3.5 结果整理

膨润土的吸水率按下式计算:

$$X = \frac{m_5 - m_6 - m}{m} \times 100\% \tag{4.1-3}$$

式中：X——吸水率；

m_5——湿滤纸和湿膨润土质量，单位为克(g)；

m_6——湿滤纸质量，单位为克(g)；

m——干膨润土试样质量，单位为克(g)。

4.1.4 膨胀容测定

4.1.4.1 试验目的

测试膨润土膨胀容。该测试适用于钠基膨润土、钙基膨润土等各种膨润土。

4.1.4.2 仪器设备

(1) 具塞量筒：100 mL，起始读数值 1 mL，分度值 1 mL，直径约 25 mm；

(2) 分析天平：精度为 0.1 mg；

(3) 盐酸 $c(HCl)=1$ mol/L，取 83 mL 盐酸($\rho=1.18$ g/mL)，用水稀释至 1 000 mL。

4.1.4.3 试验步骤

(1) 称取 1 g(精确至 0.000 1 g)不烘干的试样置于已加入 50 mL 水的具塞量筒中，塞紧量筒塞，手握量筒上下摇动约 300 次；

(2) 打开量筒塞，加 25 mL 盐酸，加水至 100 mL 刻度，塞紧量筒塞，上下摇动约 100 次；

(3) 将具塞量筒静置于不受震动的台面上 24 h，读取沉降物沉降界面的刻度值，精确到 0.1 mL，即为膨胀容，单位为毫升每克(mL/g)。

对同一试样的两次平行测量，平均值大于 10 时，其绝对误差不得大于 2 mL，平均值小于或等于 10 时，其绝对误差不得大于 1 mL。

4.1.5 阳离子交换容量测定

4.1.5.1 试验目的

用氯化钡溶液处理膨润土，钡离子与膨润土中交换性阳离子发生等量交换，交换出的阳离子用原子吸收分光光度计测定钠、钾、钙和镁含量。膨润土中交换性钡与硫酸镁反应，生成硫酸钡沉淀，以消耗加入的标准硫酸镁溶液测定出膨润土的阳离子交换容量。该测试适用于钠基膨润土、钙基膨润土等各种膨润土。

4.1.5.2 仪器设备

（1）原子吸收分光光度计：波长范围 190 nm～900 nm,火焰原子化器；

（2）天平：精度为 0.000 1 g；

（3）电动离心机：相对离心力 3 000 g；

（4）电动振荡机：往返，振荡频率为 120 次/min,振幅 20 mm。

4.1.5.3 试样准备

试剂：

① 氯化钡溶液[$c(BaCl_2)=0.1$ mol/L]：称取 24.43 g 二水氯化钡，溶解并稀释在 1 000 mL 容量瓶内；

② 氯化钡溶液[$c(BaCl_2)=0.002\ 5$ mol/L]：量取 25 mL 0.1 mol/L 氯化钡溶液稀释在 1 000 mL 容量瓶内；

③ 硫酸镁溶液[$c(MgSO_4)=0.02$ mol/L]：称取 4.93 g 七水硫酸镁，溶解并稀释在 1 000 mL 容量瓶内。

具体处理步骤如下：

（1）称取 1 g 已烘干的膨润土样品，放入 50 mL 离心管中，加盖称重(m_5)。加入 30 mL 氯化钡溶液①，机械振荡 1 h,在相对离心力 3 000 g 条件下离心 10 min,倒出悬浮液到 100 mL 容量瓶；再重复上述过程两次以上，悬浮液都加入 100 mL 容量瓶内并用氯化钡溶液①调整到 100 mL 刻度。此为滤液 A。

（2）用 30 mL 氯化钡溶液②分散沉淀膨润土，机械振荡 1 h,静置 5 h 以上，在相对离心力 3 000 g 条件下离心 10 min,倒出上层清液。

（3）称量离心试管、沉淀膨润土和盖(m_6)，然后加入 30 mL 硫酸镁溶液③分散沉淀膨润土，机械振荡 1 h,静置 5 h 以上，在相对离心力 3 000 g 条件下离心 10 min,倒出上层清液并经 7 cm 直径的滤纸过滤到锥形烧瓶中。此为滤液 B。

4.1.5.4 试验步骤

试剂：

① 盐酸溶液：$c(HCl)=12$ mol/L。

② 镁离子标准溶液[$c(Mg^{2+})=0.001$ mol/L]：移取 50 mL 硫酸镁溶液[$c(MgSO_4)=0.02$ mol/L]到 1 000 mL 容量瓶,用水稀释到 1 000 mL 刻度。

③ 硝酸镧溶液[$\rho(La(NO_3)_3)$=0.036 mol/L]：称取 15.6 mg 六水硝酸镧(相对分子量 432.9)，加 42 mL 盐酸溶液①和水溶解，稀释到 1 000 mL 容量瓶中。

镁离子标准溶液系列：分别移取 0 mL、1 mL、2 mL、3 mL、4 mL 和 5 mL 硫酸镁溶液②到相应的 100 mL 容量瓶中，加入 10 mL 硝酸镧溶液③，加水调整至刻度，分别制备 0 mmol/L、0.01 mmol/L、0.02 mmol/L、0.03 mmol/L、0.04 mmol/L 和 0.05 mmol/L 镁离子标准溶液。在波长 285.2 nm 处，用空气乙炔火焰在原子吸收分光光度计上分别测定吸光度，并以镁的浓度为横坐标，吸光度为纵坐标绘制标准工作曲线。

分析步骤：

分别移取锥形瓶中的滤液 B 和对照空白试液 0.200 mL 到 100 mL 容量瓶，加入 10 mL 硝酸镧溶液③，用水稀释到刻度。在波长 285.2 nm 处，用空气乙炔火焰在原子吸收分光光度计上分别测定吸光度，并从标准曲线中对照计算出滤液 B 的镁离子浓度(c_1)和空白试液的镁离子浓度(c_{b1})及修正后的滤液 B 中的镁离子浓度(c_2)。

4.1.5.5 结果整理

按下式计算阳离子交换容量(CEC)：

$$CEC = (c_{b1} - c_2)3\,000/m \tag{4.1-4}$$

$$c_2 = \frac{c_1(30 + m_8 - m_7)}{30} \tag{4.1-5}$$

式中：CEC——试样的阳离子交换容量，单位为毫摩尔每百克(mmol/100 g)；

c_{b1}——空白试液的镁离子浓度，单位为毫摩尔每升(mmol/L)；

c_2——修正后的滤液 B 中的镁离子浓度，单位为毫摩尔每升(mmol/L)；

m——试样的质量，单位为克(g)；

c_1——滤液 B 中的镁离子浓度，单位为毫摩尔每升(mmol/L)；

m_7——离心试管与干试样质量，单位为克(g)；

m_8——离心试管与湿试样质量，单位为克(g)。

4.2 泥浆基本性质

膨润土和水是组成泥浆最主要的部分，膨水比 1∶8、1∶10、1∶12 都是工

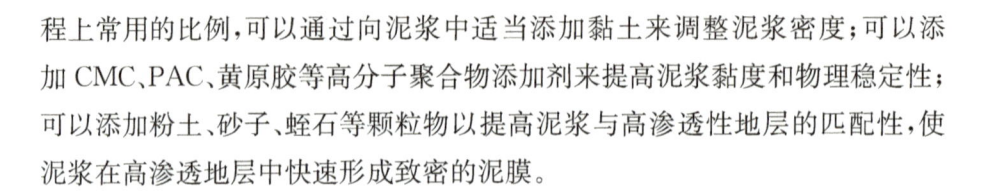

程上常用的比例,可以通过向泥浆中适当添加黏土来调整泥浆密度;可以添加 CMC、PAC、黄原胶等高分子聚合物添加剂来提高泥浆黏度和物理稳定性;可以添加粉土、砂子、蛭石等颗粒物以提高泥浆与高渗透性地层的匹配性,使泥浆在高渗透地层中快速形成致密的泥膜。

4.2.1 密度

4.2.1.1 试验目的

通过测试泥浆与4℃纯水密度的比值,得出泥浆密度。该测试适用于泥浆密度的测试。

4.2.1.2 仪器设备

1002型泥浆密度秤,见图3-7所示。

4.2.1.3 试验步骤

(1) 密度秤校准。首先检查泥浆密度秤各部分是否完好无损。向泥浆杯中加入清水至刚好溢出,泥浆杯盖子盖紧。此时会有多余的水从泥浆杯中溢出,将泥浆杯外部残留的水分擦干。将横梁架设在支架卡口支点处,调节游码使其左侧边界正好位于横梁刻度"1"处。观察横梁上调平气管中的气泡位置,若气泡位置不在正中央(两条红线之间)则表示泥浆密度秤未调平。此时需打开调重管,适当增减小钢珠的数量。当气泡调平后,倒空泥浆杯,擦干残余水分,密度秤即可使用。

(2) 泥浆密度测量。使用前应充分搅拌泥浆,向泥浆杯中加入泥浆至刚好溢出,盖紧盖子,擦干残留的泥浆。拨动游码以控制气泡管中的气泡位于中心位置(两条红线之间)。此时,读取游码左侧对应的刻度数即可得到泥浆的密度测量值。

4.2.1.4 结果整理

所测值为泥浆密度值与4℃时纯水密度值的比值。通过计算可得泥浆密度,泥浆密度的单位为 g/cm^3。

4.2.2 黏度与流变特性

4.2.2.1 试验目的

泥浆的黏度分为两种:一种是较为直观、简单的漏斗黏度,表征泥浆宏观

第4章 泥水盾构泥浆配制及成膜试验

的黏度,用漏斗黏度计测定;另一种是反映泥浆流体性质的塑性黏度,表征泥浆流动时阻碍流动的能力的大小,为流体力学性质的基本参数之一,用旋转黏度计测定。其中前者被广泛应用于施工现场,后者多被用于试验室测量。

4.2.2.2 仪器设备

(1) 马氏漏斗黏度计(图 4-1):测试水的黏度是 26 s;苏氏漏斗黏度计(图 4-2):测试水的黏度为 15 s。

图 4-1 马氏漏斗黏度计

图 4-2 苏氏漏斗黏度计

(2) ZNN-D6 型电动六速旋转黏度计(图 4-3),NXS-11 型电动十五速旋转黏度计(图 4-4)。

图 4-3 ZNN-D6 型电动六速旋转黏度计

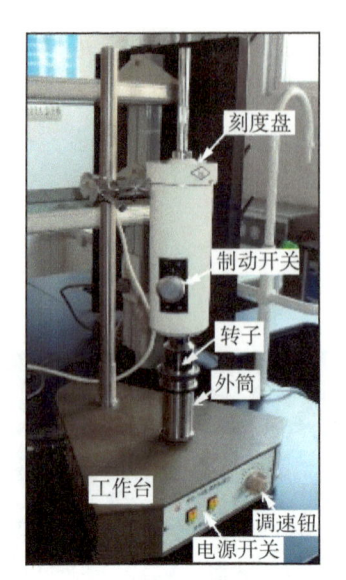

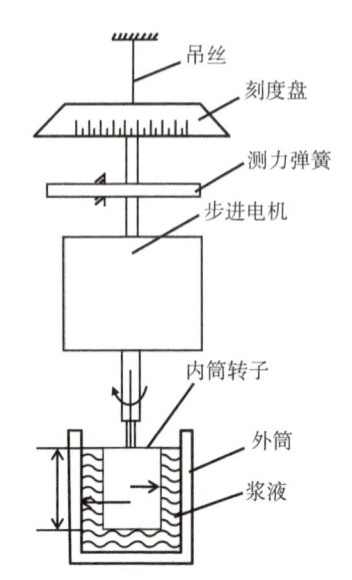

(a) NXS-11型旋转黏度计装置图　(b) NXS-11A型旋转黏度计工作原理示意图

图 4-4　NXS-11型旋转黏度计

4.2.2.3　试验步骤

(1) 马氏漏斗黏度计使用方法：

马氏漏斗黏度计的漏斗容量为 1 500 mL，量筒容量为 946 mL。使用马氏漏斗测试泥浆漏斗黏度之前，应采用清水对马氏漏斗进行校核，清水的马氏漏斗黏度值一般为 26±0.5 s。测试泥浆黏度前预先用清水浸润马氏漏斗黏度计，手扶漏斗上的把手并用手指堵住漏斗下方小孔，维持马氏漏斗黏度计处于竖直状态，将试验泥浆经由滤网倒入漏斗中，倒入的泥浆量需保证液面刚好到达漏斗滤网网格表面。将漏斗保持竖直状态置于量筒正上方后松开漏斗口的手指，同时按下秒表开始计时，当泥浆液面刚好淹没量筒口时停止计时，此时秒表读数即为试验泥浆的马氏漏斗黏度值。

(2) 苏氏漏斗黏度计使用方法：

苏氏漏斗黏度计由漏斗和量筒组成。漏斗高 300 mm，上端大口直径为 150 mm，下端是直径为 5 mm、长为 100 mm 的管子。量筒由隔板分为两部分，大头为 500 mL，小头为 200 mL。

使用仪器前，应先用清水进行校正。该仪器测量清水的黏度为 15±0.5 s。若误差在±1 s 以内，可用式(4.2-2)计算泥浆的实际黏度。

将漏斗呈垂直状，用手握紧并用食指堵住管口，然后用量筒两端，分别装 200 mL 和 500 mL 泥浆倒入漏斗。将量筒 500 mL 一端朝上放在漏斗下面，放开食指，同时启动秒表计时，记录流满 500 mL 泥浆所需的时间，即为所测泥浆的苏氏漏斗黏度值。

(3) ZNN-D6 型电动六速旋转黏度计使用方法：

将刚搅拌好的泥浆倒入样品杯刻度线处（350 mL），立即放置于托盘上，上升托盘使液面至外筒刻度线处。拧紧手轮，固定托盘。如用其他样品杯，筒底部与杯底之间不应低于 1.3 mm。迅速从高速到低速进行量测，待刻度盘读数稳定后，分别记录下 600 r/min 与 300 r/min 转速下的读数。

(4) NXS-11 型电动十五速旋转黏度计使用方法：

将刚搅拌好的泥浆倒入外筒，固定外筒，此时泥浆位于转子与外筒之间，当转子旋转时表面受到泥浆的剪切阻力，产生一定大小的力矩，此力矩传导至上部可动框架并使其偏转。当传导的力矩和测量弹簧产生的抵抗力矩相平衡时，通过刻度盘读取此时的偏转角，该值与泥浆的表观黏度成正比关系。

4.2.2.4 结果整理

(1) 采用式(4.2-1)计算得到试验泥浆的马氏漏斗黏度值。

$$马氏漏斗黏度值 = \frac{26 \times 实测泥浆黏度}{实测清水黏度} \quad (4.2-1)$$

(2) 采用式(4.2-2)计算得到试验泥浆的苏氏漏斗黏度值。

$$苏氏漏斗黏度值 = \frac{15 \times 实测泥浆黏度}{实测清水黏度} \quad (4.2-2)$$

(3) ZNN-D6 型电动六速旋转黏度计测得泥浆塑性黏度，可以通过下式得到。

$$\eta_P = \phi_{600} - \phi_{300} \quad (4.2-3)$$

式中：η_P 为泥浆塑性黏度；ϕ_{600} 为 600 r/min 转速下读数，ϕ_{300} 为 300 r/min 转速下读数。

(4) NXS-11 型电动十五速旋转黏度计测得泥浆黏滞系数可以通过下式得到。

$$\eta = \frac{\tau}{D_s} \tag{4.2-4}$$

式中：η 为泥浆黏滞系数；τ 为剪切应力；D_s 为剪切速率。

$$\tau = \frac{M}{2\pi R_2^2 h} \tag{4.2-5}$$

式中：M 为力矩；R_2 为内筒外半径；h 为内筒工作高度。

$$D_s = \frac{2R_1^2}{R_1^2 - R_2^2}\omega \tag{4.2-6}$$

式中：R_1 为外筒内半径；ω 为转子转速。

4.2.3 物理稳定性

4.2.3.1 试验目的

测试泥浆胶体率或泌水率。

4.2.3.2 仪器设备

1 000 mL 量筒。

4.2.3.3 试验步骤

（1）将 1 000 mL 玻璃量筒洗净，擦干后，放置于平整的台面上；向量筒内加入已拌制好的泥浆 1 000 mL，并在筒口盖上 5 cm×5 cm 玻璃片。若需测定加碱泥浆的胶体率，应先在其他容器内按比例加碱并拌匀后，再将其加入玻璃量筒，记录装料时间。

（2）静置 2 h 或 24 h，读出上部澄清液面和下部沉淀面对应的刻度数，二者相减除以 1 000 为中间胶体部分所占体积百分比，即胶体率。如果泥浆的物理稳定性较差，就会出现沉淀较多，胶体层与沉淀层分界不明显或不存在胶体层的情况，用泌水率衡量较方便。泌水率即为上部澄清部分占泥浆总体积的百分比。

量筒上应贴上试样标签，防止编号混乱。

4.2.4 颗粒级配

4.2.4.1 试验目的

测试泥浆中固相颗粒的大小及分布范围，适用于测试粒径<75 μm 的颗粒。

4.2.4.2 仪器设备

MS2000型激光粒度分析仪(图4-6)。

图4-6 MS2000型激光粒度分析仪

4.2.4.3 试验步骤

(1) 打开电脑及激光粒度分析仪,打开环形循环泵;

(2) 开始试验前,先用蒸馏水经由环形循环泵清洗仪器;

(3) 打开内置软件,跟随软件指令设置测试环境;

(4) 将泥浆滴加进分散剂(一般采用蒸馏水),直至浓度达到软件所示范围,开始粒度分析。分析完成后,内置软件自动处理得到所测颗粒的粒径分布曲线。

每次测试后,需用蒸馏水清洗仪器至少三次。

4.2.4.4 结果整理

将试验数据从内置软件中拷出,直接绘制曲线图,可得粒径分布曲线;累加处理后再绘制曲线,可得颗粒级配曲线。

4.2.5 Zeta 电位

4.2.5.1 试验目的

测量土颗粒滑动面电位,可以测量粒径为 5 nm~10 μm 的粒子。

4.2.5.2 仪器设备

Zeta 电位仪(图4-7)。

图 4-7　Zeta 电位仪

4.2.5.3　试样制备

将待测泥浆放入量筒中，静置 24 h 后泥浆产生分层，取下部泥浆用上清液稀释 50 倍。

4.2.5.4　试验步骤

（1）将仪器预热 30 min，设置计算模型、分散剂类型等参数，在水性介质和中等电解质浓度溶剂中选用 Smoluchowski 模型计算 ζ 电位是 zeta 电位仪内部计算时用到的参数，测试可直接得到结果，无须再进行处理。

（2）用注射器取少量样品推入弯曲毛细管样品池，保证样品池中没有气泡，将样品池放入电极中，点击开始，测量 ζ 电位。

试验中也可直接取泥浆用蒸馏水稀释制成样品。

4.2.6　含砂量

4.2.6.1　试验目的

测试泥浆中不能通过 200 目筛网的砂子占泥浆体积的百分数。

4.2.6.2　仪器设备

LNH 型泥浆含砂量测定仪器（图 4-8）。

图 4-8　LNH 型泥浆含砂量测定仪器

4.2.6.3 试验步骤

(1) 用 50 mL 量杯取 50 mL 泥浆,连同 450 mL 清水共同注入含砂量仪圆筒内,盖上盖子后,充分摇晃后,挂在支架上,垂直静置 1 min。

(2) 从仪器下部沉淀管玻璃刻度线上读取砂子的体积数,乘以 2,用百分数表示出来,即为泥浆的沉淀物含量。

(3) 注意:测试时应先加清水,再加泥浆。如在读数时,不好判定砂子和水的接口,可适当倾斜仪器,使沉淀物表面显露出来。

(4) 在做好沉淀物含量试验基础上,向仪器内加入清水再进行振荡,并吸出浑水,重复做几次,直至仪器内水较清为止。把仪器内的水吸出,取出沉淀物,放进玻璃杯内,用带皮头的研磨棒研磨沉淀物,促使未分散的小土块分散于水中,把浑水倒出,加清水再进行研磨。

这样反复几次,直至研磨不出现浑水,杯中都是纯净的砂子为止。这时,再将经研磨过的砂子仔细地全部放进仪器内,加满清水,垂直静置 1 min,读出砂粒在沉淀管内的体积数,再乘以 2,用百分数表示之,即为泥浆的含砂量。

4.2.7 泥浆失水量

4.2.7.1 试验目的

测试泥浆在同一压力下、同一渗透介质下的滤失量,用于反映泥浆本身的质量。

4.2.7.2 仪器设备

ZNS-1 型泥浆失水仪(图 4-9)。

图 4-9 ZNS-1 型泥浆失水仪

4.2.7.3 试验步骤

(1) 拆开仪器,在滤板上装上两张湿润的滤纸,装好泥浆罐,拧紧,放在支架上;向泥浆罐中加入约 120 mL 拌制好的泥浆,装上柱塞,拧紧放油螺丝钉,将机油注入柱塞套筒内,使油面距套管顶部约 1 cm;将压重钟套在柱塞上,逆时针方向旋转放油螺钉。使锤上的标尺"0"位与柱塞上的刻度线对齐,再拧紧放油螺钉。

(2) 松开顶杆,立即开始计时,计时至 30 min 时,刻度标尺上的读数,即为失水量读数(mL)。也可将 7.5 min 时的读数乘以 2 作为 30 min 的失水量值。

4.2.8 泥皮厚度测定

4.2.8.1 试样

在失水量试验中,由于黏土的不同颗粒和胶粒颗粒互相重叠,互相堵塞,形成了一层泥皮。

4.2.8.2 试验步骤

在失水量试验后,从滤板上将滤纸和滤纸上的泥皮一同取下。保留的泥皮用细水慢流小心洗涤。注意防止冲坏泥皮。把泥皮放在玻璃板上,连同滤纸撕成两块,用钢板尺或带深度的游标卡尺,测定新鲜裂口的厚度,减去滤纸厚度,即为泥皮厚度。测量数次,精度达 0.5 mm,记录测定数据,取其算术平均值。

4.3 泥浆渗透成膜及泥膜基本性质

4.3.1 泥浆渗透成膜试验

4.3.1.1 试验目的

测试泥浆与地层的匹配性,判断是否能成膜,评价泥膜的质量优劣。

4.3.1.2 仪器设备

泥浆渗透装置的组成主要包括有机玻璃柱、气压源与压力输出控制、数据采集器三个部分,如图 4-10 所示。

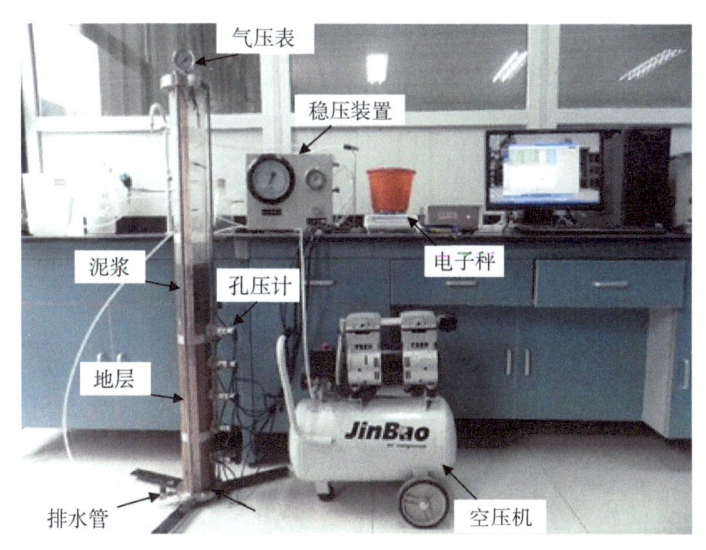

第4章 泥水盾构泥浆配制及成膜试验

图 4-10 泥浆渗透装置图

4.3.1.3 试样

配制好的待测泥浆、用作滤层的砂、用作模拟地层的砂。

4.3.1.4 试验步骤

（1）在装试验地层之前，先要在试验装置的底部装一层 5 cm 高的、颗粒均匀的滤层，要求该滤层的渗透系数比试验地层的渗透系数大得多，以保证不至于阻碍试验地层的渗透；同时还要求滤层的孔隙不能太大，以免试验时发生地层颗粒从滤层中流失而致使试验失败；

（2）填装试验地层厚，在装泥浆之前，采用由下向上的方式，从下部排水管缓慢地向地层中进水直至地层饱和。这样的饱和方法有利于地层中气体的排出，避免地层中气泡等对地层渗透性的影响；

（3）向试验装置内缓慢充入一定高度的泥浆，拧紧法兰盘，密封装置；

（4）试验柱下端开设带有开关的出水口，数据采集装置连接电子天平（精度为 0.1 g），由电脑自动采集试验过程中的滤水量，采集时间间隔可以人为设定，最小可设置为 1 s；

（5）试验开始前，打开空压机用以压缩空气作为气压源，通过精密稳压阀门将所需的定值气压（如 0.2 MPa）充入有机玻璃柱中，待气压稳定后，点击开始试验,并打开试验柱底部的排水开关,试验即开始进行,数据采集器会自动记录渗透流量及地层孔隙水压力数据。

4.3.2 泥膜厚度

试验结束后,用泥膜提取装置取出渗透柱中的泥膜,测量不同位置数次,取其算数平均值,即为泥膜厚度 L。

4.3.3 含水率

详细方法参考 1.1.1,测得泥膜含水率为 ω。

4.3.3 渗透系数

根据泥膜厚度 L 及含水率 ω,推算泥膜的渗透系数。

根据泥浆渗透稳定阶段的滤水量数据,采用达西定律对泥膜的渗透系数 k 进行估算。由于地层渗透系数达到 10^{-2} cm/s 量级,估算时忽略试验地层,采用下式进行估算:

$$k=\frac{V_1 L}{AHt} \tag{4.3-1}$$

式中: V_1——滤水量;

A——试验柱横截面积;

H——泥浆压力提供的总水头差;

t——为渗透时间;

L——泥膜厚度。

4.3.5 孔隙比

由于泥膜在形成过程中孔隙基本上是被水充满的,则其饱和度 S_r 为 100%;泥浆中黏粒含量为 20% 左右,多数颗粒粒径小于 75 μm,则泥浆颗粒比重 G_s 近似取 2.7。采用下式计算泥膜的孔隙比 e。

$$S_r=\frac{\omega G_s}{e} \tag{4.3-2}$$

式中 ω 为泥膜含水率。

4.4 泥膜闭气试验

4.4.1 闭气时间

4.4.1.1 试验目的

测试泥膜的闭气性能,适用于泥水盾构掘进过程中长时间停机或开舱检修等情况。

4.4.1.2 仪器设备

泥浆渗透成膜装置(详见 4.3.1)。

4.4.1.3 试验步骤

(1) 先进行泥浆渗透成膜试验,详见 4.3.1;

(2) 待泥膜形成后,将装置中剩余的泥浆通过排泥浆孔排尽;

(3) 再次封闭试验装置,通过空压机和调压装置给泥膜施加一定的气压力(如 0.2 MPa),泥膜在气压作用下发生固结变形,同时在装置底部产生滤水,通过电脑记录泥膜闭气过程中滤水量的变化;

(4) 在闭气的初始阶段,泥膜的滤水量平稳上升,一定时间后泥膜的滤水量突然增大,此时表征泥膜发生透气,泥膜透气时对应的时间间隔即为该级压力下泥膜的闭气时间。

4.4.2 闭气值

4.4.2.1 试验目的

测试泥膜的闭气性能,适用于泥水盾构掘进过程中长时间停机或开舱检修等情况。

4.4.2.2 仪器设备

泥浆渗透成膜装置(详见 4.3.1)。

4.4.2.3 试验步骤

(1) 先进行泥浆渗透成膜试验,详见 4.3.1;

（2）待泥膜形成后，将装置中剩余的泥浆通过排泥浆孔排尽；

（3）再次封闭试验装置，然后通过空压机给泥膜从 0.02 MPa 开始施加压力，在此基础上每隔 2 min 增大压力 0.02 MPa，直至泥膜透气，完成泥膜闭气试验，将泥膜破坏时对应的前一级气压力定义为泥膜的闭气值；

在测试过程中由于逐级加压，使得泥膜被固结，改变了其原有的孔隙结构，此时测得的泥膜闭气值略高于其实际值。

第 5 章

高含水率废弃泥浆处理试验

5.1 泥浆絮凝脱水评价指标及测试方法

5.1.1 指标

废弃泥浆絮凝及机械脱水的评价指标包含浊度、沉降速率、干固含量(DS)、比阻(SRF)、ζ 电位、絮体尺寸。

5.1.2 沉降柱试验

5.1.2.1 试验目的

测定泥浆中固体颗粒的沉降速率和底泥含水率,评价絮凝剂的使用效果。

5.1.2.2 仪器设备

量筒、烧杯、电动搅拌器。

5.1.2.3 试样

废弃泥浆、絮凝剂。

5.1.2.4 试验步骤

试验前使用电动搅拌器将泥浆搅拌均匀,取 1 000 mL 泥浆置于烧杯中。向搅拌均匀的泥浆中添加不同种类和添加量的絮凝剂溶液,充分混合后快速将其倒入量筒至 1 000 mL 刻度线处,使其自然沉降 5 h,沉降过程中记录泥水分界面的读数(图 5-1)。

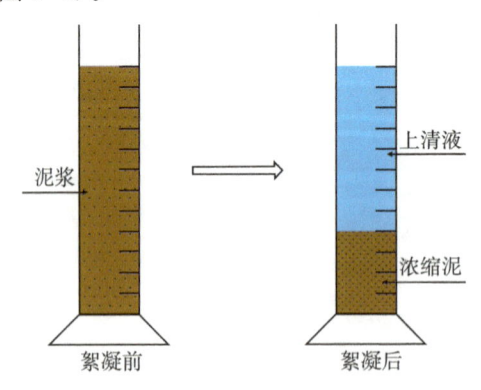

图 5-1 絮凝沉降试验示意图

5.1.2.5 结果整理

通过泥水分界面读数、泥浆密度、泥浆含水率、絮凝剂水溶液浓度、絮凝剂添加量可大致计算出浓缩底泥的含水率,计算过程如下:

(1) 通过式(5.1-1)计算出烧杯中泥浆固体颗粒质量 m_0。

$$m_0 = \frac{V_0 \rho}{1+\omega_0} \tag{5.1-1}$$

其中 V_0(1 000 mL)为烧杯中泥浆试样体积,ρ 为泥浆初始密度,ω_0 为泥浆初始含水率。

(2) 通过式(5.1-2)计算出烧杯中泥浆中水的质量 m_1。

$$m_1 = m_0 \omega_0 \tag{5.1-2}$$

(3) 通过式(5.1-3)计算出烧杯中泥浆需添加絮凝剂的质量 m_2。

$$m_2 = m_0 n_1 \tag{5.1-3}$$

其中 n_1 为絮凝剂添加量比例(%)。

(4) 通过式(5.1-4)计算将絮凝剂配制成溶液所需水的质量 m_3。

$$m_3 = \frac{m_2(1-n_2)}{n_2} \tag{5.1-4}$$

其中 n_2 为絮凝剂溶液溶度。

(5) 由于絮凝剂质量非常小,所以忽略其对絮凝液溶液体积的影响,絮凝剂溶液体积 V_1 可以由式(5.1-5)计算得到。

$$V_1 = \frac{m_3}{\rho_1} \tag{5.1-5}$$

其中 ρ_1 为水的密度(1 g/cm³)。

(6) 量筒中泥浆固体颗粒质量 m_4 和量筒中水的质量 m_5 可以分别由式(5.1-6)和式(5.1-7)计算得到:

$$m_4 = \frac{m_0}{V_0+V_1} V_2 \tag{5.1-6}$$

$$m_5 = \frac{m_3+m_1}{V_0+V_1} V_2 \tag{5.1-7}$$

其中 V_2 为量筒中装样体积(1 000 mL)。

(7) 最后，根据量筒读数，并忽略上清液中残留的少部分泥浆颗粒，可以由式(5.1-8)计算出底泥含水率 ω。

$$\omega = \frac{m_5 - \rho_1(V_1 - h)}{m_4} \tag{5.1-8}$$

其中 h 为量筒读数(mL)。

5.1.3 浊度试验

5.1.3.1 试验目的

测定不同时刻泥浆上清液浊度，悬浮于水中的固体颗粒物和胶体颗粒物的数量，用来表征絮凝剂的絮凝沉降效果。

5.1.3.2 仪器设备

浊度检测仪(图 5-2)、针筒。

图 5-2 浊度检测仪

5.1.3.3 试样

量筒中泥浆上清液。

5.1.3.4 试验步骤

用针筒吸取沉降柱试验中的上清液，开展浊度测试，当浊度检测仪中光源发出的光线穿过试样，接收元件检测与入射光垂直方向上被水中悬浮着的颗粒物所散射的光线数量并计算得到样品的浊度值。

5.1.4 泥浆粒径分布试验

参照 4.2 泥浆基本性质。

5.1.5 Zeta 电位

参照 4.2 泥浆基本性质。

5.1.6 比阻试验

5.1.6.1 试验目的

比阻 SRF 表示在某恒定压力下单位质量的泥在单位过滤面积上过滤时的阻力，可以反映脱水性能的好坏。用于表征絮凝剂对泥浆脱水性能的影响，图 5-3 为比阻测定装置。

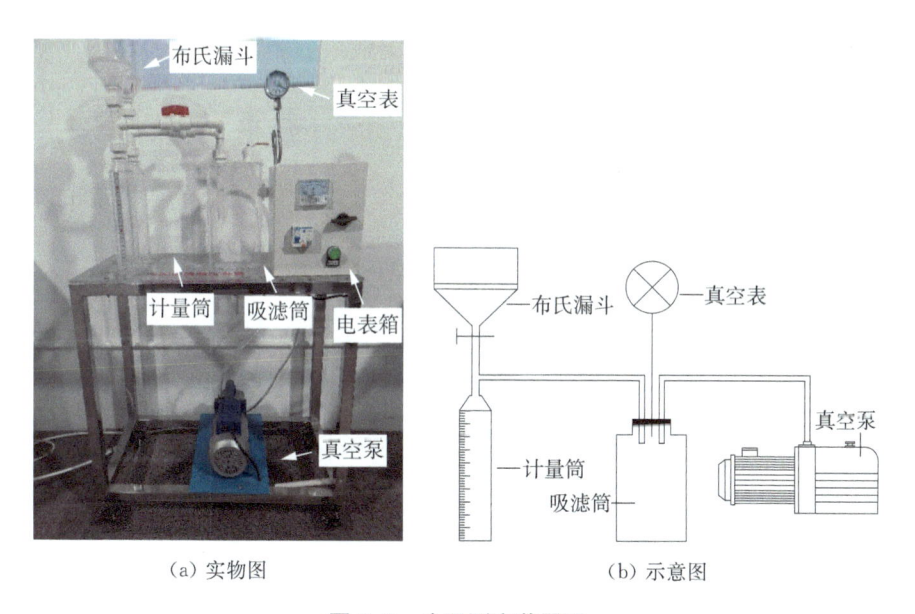

(a) 实物图   (b) 示意图

图 5-3 比阻测定装置图

5.1.6.2 仪器设备

比阻仪、烘箱、天平。

5.1.6.3 试样

絮凝剂调理后的泥浆。

5.1.6.4 试验步骤

具体测试方法如下：

（1）测定泥浆的固体浓度 C_0；

（2）使用不同质量浓度的混凝剂调理泥浆；

（3）将润湿后的快速滤纸覆盖于布氏漏斗底部，并贴紧，滤纸面积要略大于漏斗底部面积；

（4）打开真空泵，并调节真空压力至 47.2 kPa 左右，待滤纸紧贴漏斗底部后关闭真空泵；

（5）在布氏漏斗的快速滤纸内放置 100 mL 调理后的泥浆，重力过滤 1 min 后打开真空泵，试验压力为 70.9 kPa，并记录计量筒内的初始滤液体积 V_0，开始计时；

（6）过滤时需随时记录计量筒内的滤液体积 V_1；

（7）恒压过滤至滤饼破裂时即可停止试验；

（8）试验结束后测定滤饼厚度及固体浓度 C_1；

（9）根据计算 $w = \dfrac{C_1 C_0}{C_1 - C_0}$ 代入试验前后的固体浓度，求得 ω；

（10）根据公式（5.1-9）计算出比阻值；

$$\frac{t}{V} = \frac{\mu r w}{2PA^2}V + \frac{\mu R_f}{PA} \qquad (5.1\text{-}9)$$

式中：V——滤液体积（m³）；

t——过滤时间（s）；

A——过滤面积（m²）；

P——过滤压强（Pa）；

μ——滤液动力黏滞系数（MPa·s）；

r——比阻值（m·kg^{-1}）；

R_f——过滤介质的阻抗（m^{-3}）。

5.2 机械脱水

盾构产生的废弃泥浆需要经过机械脱水，主要包含离心机、带压滤机与板框压滤机,可通过小型的压滤机模型开展泥浆的压滤脱水性能试验研究。试验参数主要包含压滤压力、时间、泥饼含水率、泥饼孔隙特征等。

5.2.1 离心机

离心分离是利用离心沉降原理对废浆进行分离(图5-4),悬浮液由进料管经螺旋推料器中出液孔进入转鼓,螺旋输送器旋转运动产生巨大离心力将泥浆甩至转毂壁上,在离心力的作用下,固相颗粒被推向转鼓内壁,黏附到毂壁内上形成固体层,通过螺旋推料器上的叶片推至转鼓小端排渣口排出,水比重小,离心力小,在固体层内表面形成液体层,通过转鼓大端的溢流孔溢出。如此不断循环,以达到连续分离的目的。

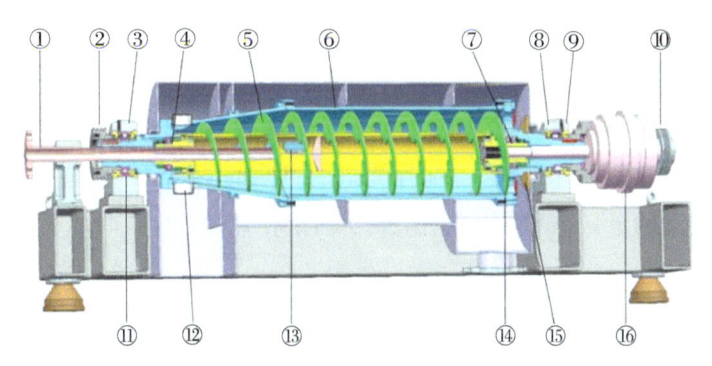

1-进料管;2-主电机皮带轮;3-主轴承注油孔;4-螺旋轴承;5-螺旋叶片;6-转鼓;
7-螺旋轴承;8-主轴承;9-主轴承注油孔;10-电机皮带轮;11-主轴承;
12-固形物排出口;13-出料口;14-液相排出口;15-挡液板;16-差速器。

图5-4 离心机断面图

离心脱水机主要采用将水与固相颗粒打散重分的形式进行分离,产生离心力的转毂对于整个设备至关重要(图5-5)。转毂的直径和转速是影响离心力的主要参数。当转速可调范围一定时,转毂的直径尺寸直接影响设备脱水效果。转毂的长度也会影响动力的选型以及造价。因此,转毂长度和转毂直径尺寸直接影响离心脱水机的脱水能力和脱水效果以及制造成本。现阶段离心脱水机多采用低速脱水,低速脱水降低了动力要求,低速离心脱水量较大,但设备使用的耐磨材质成本较高,摩擦力成倍增加。

图 5-5　离心机配置图

离心机主要配置为：

（1）离心机的两端主轴承采用先进的自动稀油润滑系统在设备高速运转时充分润滑轴承，降低轴承温度，保证轴承使用寿命，同时减轻每天加油的麻烦。

（2）在螺旋叶片推料面镶焊耐磨合金片，这样大大地增强了螺旋的耐磨性能。镶焊耐磨合金片的螺旋使用寿命一般在 20 000 h 以上。广泛适用市政污水和矿产物料的分离工作(图 5-6)。

（3）在螺旋出料口采用可更换的圆弧形耐磨材料，减轻了出料口局部的磨损。

（4）离心机主、辅电机各采用一台变频驱动，辅电机在转鼓差速的作用下始终处于发电机状态，合理利用辅电机产生的电能是真正意义上的节能产品。

（5）镂空螺旋叶片设计，该设计使得液层大大地减少了对固体层的扰动。在保证污泥回收率的前提下，相对提高出泥的干度；在保证出泥干度的情况下提高了污泥的回收率。

卧螺离心机分离因素可达 4 000 G，对物料适应广，捕抓水中悬浮颗粒直径处 5 μm～100 μm 范围的悬浮液都可以分离，转鼓直径 φ530 mm 卧螺离心机处理市政污水可达 30～50 m/h。

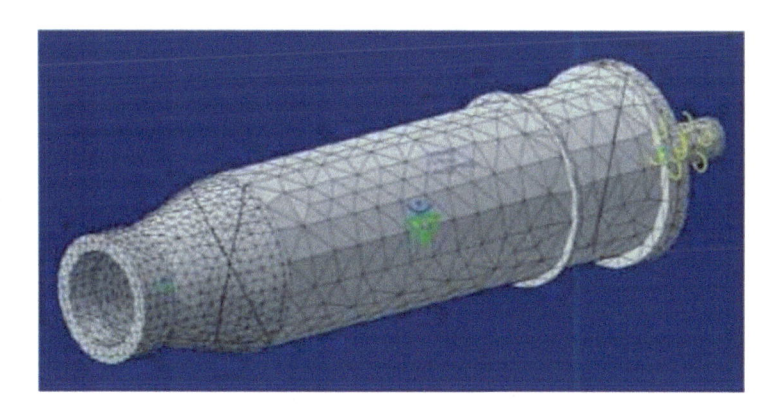

图 5-6　离心机滚筒图

在盾构施工中，如果压滤机的处理能力不能达到盾构掘进的比重要求，同时泥浆的需求量有所降低，那么需要凭借离心处理将泥浆分离出来。一般来说，离心机通常处理比重较高的泥浆，完成处理后，泥浆黏度一般不会发生变化。

在黏土层掘进时，既有的旋流筛分设备不能分离出足够的固相，不能将泥浆比重还原到掘进初期的低值 $1.15\sim 1.20$ g/cm³，采用离心机可以将进浆比重降至 1.2 左右，加药处理后泥浆比重为 $1.06\sim 1.07$，出渣含水率约 40%。

离心分离的优点在于离心设备结构紧凑，占地相对较少，自动化程度高，操作简便、卫生。但离心机价格昂贵，电力消耗大，易磨损设备、产生噪声；且对粒径小于 10μm 的颗粒去除能力较差。

5.2.2　带压滤脱水试验

试验所用带压滤机为自行研制的试验机（图 5-7），结构示意图如图 5-8 所示。该设备配备有上下两条滤带，以及 8 个脱水辊轮。为防止滤带跑偏，滤带两侧设置有挡板，并可通过配备的前后手轮控制滤带的张紧程度。滤带采用 4 线的螺旋穿丝过滤网，最大孔径为 1 mm，滤带张紧力约为 0.3 MPa，带速为 1.5 m/min，压滤时间为 4 min。试验机上设置有重力脱水段、楔形脱水段以及挤压脱水段，重力脱水段长约 1.5 m，挤压脱水段由 8 个脱水辊轮组成，对泥浆进行剪切和挤压，可以较好地模拟真实的带压滤情况。试验时将絮凝剂与泥浆充分混合调理后在带压滤试验机的入料口处缓慢倾倒至滤带上，静置 5 min 后开启控制开关开始压滤，在出料口处收集压滤出的泥饼。对收集到的泥饼进行含水率测试,含水率为土中水的质量与土粒质量之比,以百分数表示。

(a) 侧视图　　　　　　　(b) 正视图

图 5-7　小型带压滤试验机

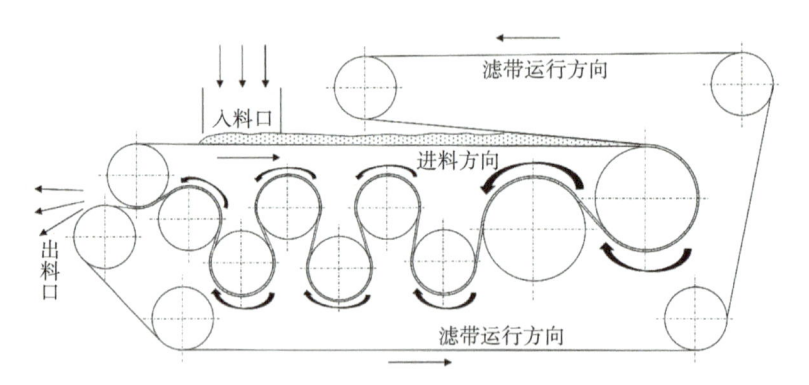

图 5-8　带压滤试验机结构示意图

5.2.3　板框压滤机

板框压滤机是实现固体、液体分离的一种设备,液压板框压滤机为机、电、液一体。采用液压设备压紧,手动机械锁紧保压,操作维护方便,运行安全可靠。主机由两根横梁,其两端分别固定在止推板和液压缸座的两侧面,构成机架。在左右横梁上垂直搁置、依次排列着由滤框、滤板、滤布组成的若干滤室;并可沿横梁作水平方向移动。压紧板与活塞杆铰接。由液压缸活塞驱使前后移动,压紧滤框、滤板,达到液压工作压力后,旋转锁紧螺母锁紧保压。再关闭电机,即可进料过滤。过滤后的泥饼有更高的含固率和优良的分离效果。固液分离的基本原理:混合液流经过滤介质(滤布),固体停留在滤布上,并逐渐在滤布上堆积形成过滤泥饼。而滤液部分则渗透过滤布,成为不含固体的清液。板框压滤机(图5-9)由交替排列的滤板和滤框构成一组滤室。滤板的表面有沟槽,其凸出部位用以支撑滤布。滤框和滤板的边角上有通孔,组装后构成完整的通道,能通入悬浮液、洗涤水和引出滤液。板框两侧各有把手支托在横梁上,由压紧装置压紧板框。板、框之间的滤布起密封垫片的作用。由供料泵将悬浮液压入滤室,在滤布上形成滤渣,直至充满滤室。滤液穿过滤布并沿滤板沟槽流至板框边角通道,集中排出。过滤完毕,可通入清洗涤水洗涤滤渣。洗涤后,有时还通入压缩空气,除去剩余的洗涤液。随后打开压滤机卸除滤渣,清洗滤布,重新压紧板框,开始下一工作循环(图5-10)。

图5-9 板框压滤机

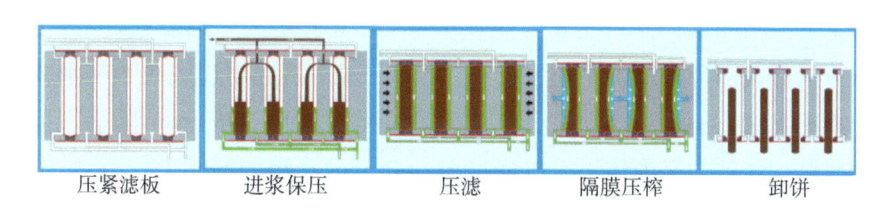

压紧滤板　　进浆保压　　压滤　　隔膜压榨　　卸饼

图5-10 板框压滤机工作机理图

设备选型主要考虑以下方面:

(1) 泥饼含水率。板框压滤脱水机在挤压脱水过程作用形式更加直接、作用时间相对较长,作用效率较高,处理后的泥饼含水率较小,所得泥饼占地空间较小。

(2) 板框材质。板框主要采用不易变形、刚度较大,且质量较轻的材料,且在挤压过程中,能够耐高压。

（3）滤布选材。滤布的选择主要要求其具有较好的耐腐蚀性能、具有较强的抗拉强度、较好的过滤性。

（4）工作形式。通过采用液压或者气动的形式控制板框移动，其气动噪音较大。

与其他类型的压滤机进行比较可知，板框压滤脱水机优点是处理效果好，滤饼含水率低，污泥处理量比较大，是其他脱水设备所不能比的，因此被广泛应用于污水处理厂。

板框压滤最先应用于化工、污泥脱水，后作为泥水盾构废浆处理的一种方式被采用。主要用于对泥浆进行彻底的固液分离，压滤后泥饼的含水率相对较低（约25%～30%），滤液含固小于50 mg/L回收用于调整泥浆指标。

板框压滤工艺成熟、操作简单，但其一般为间歇操作、基建设备投资较大、过滤能力较强、耗电能力较强，难以满足大量废浆处理的需要。此外，由于板压滤机运行时投加大量石灰，滤下水、泥饼pH值较高，带来了二次污染。经过板框压滤机处理后的泥浆，固液分离效果良好，滤液为不含固体的清液，固渣能够满足直接外运条件。但是分离出来的水为碱性，不能直接作为循环水重复利用，还需要进一步处理。

5.2.4　振动筛系统

泥浆内不同直径的岩土颗粒粗糙分离，通常选用振动筛装置，因为振动筛的筛网可由多种规格筛网组成，而每层筛网规格可选用逐级减小的形式构成。振动筛对盾构机排至泥水分离厂的高浓度泥浆作初步分离，除去不同粒径的颗粒。各种粒径的渣土可以通过振动筛不同孔径的筛网进行分离，渣土直径大于筛网孔径的被排除到浆液之外，由皮带输送至渣坑，而筛分后的浆液自流至溢流箱内。振动筛由筛框、筛网、振动电机、减振弹簧、支架等基本结构件组合而成。

5.2.5　水力旋流器

旋流器的作用是将振动筛筛分后的浆液再次进行处理，是由一种类似锥体的结构件组成，它的进料口位于壳体顶部侧面，在圆锥体的顶端设置一上溢流出口，底部设置一沉砂出口，浆液通过旋流泵从旋流器进料口进入做旋转运动而产生离心力,分别流向旋流器的顶部和底部。尺寸大、重量重的颗粒受重力影响沿着筒壁向下运动,最终通过沉砂口排出,尺寸小、重量轻的颗粒受到较小的重力和惯性力作用,沿旋流器向上运动,最终由上溢流口排出。旋流分离器广泛应用于泥水分离厂,根据旋流器不同的直径和颈长比,它能够从泥浆中分离出大量砂和淤泥。

图 5-11 所示为水力旋流器工作原理示意图。当入口切向泵入两相流体后,强烈的涡流效应会由于两相流体于旋流腔的高速旋转而产生;在后面进入浆体的不断推动下,浆体得以在旋流腔内呈螺旋状向下边旋转边运动。旋流器圆锥段的内径向下逐渐缩小至底流口处,当浆体进入后会加快其旋转速度,但却不能实现从底流口处全部排出。浆体在腔内涡流运动时,沿径向会产生不等的压力,在器壁附近压力最高,而在轴线附近则趋于 0。密度差的存在会导致两相介质中液体及固体颗粒在旋流腔中运动时受到不同的离心力,轴线附近会聚集的轻质分散相(少量颗粒及水)会呈螺旋状边旋转边向上运动,最终形成内旋流排出溢流口;当运动颗粒受到的流体阻力小于离心力时,颗粒将冲破与液体分离的阻力而向器壁运动,并在后续浆体的助推下排出底流口。

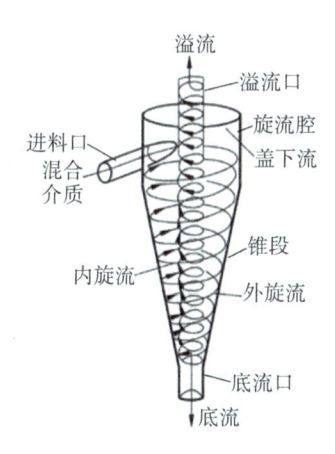

图 5-11 水力旋流器工作原理示意图

第 6 章

废弃渣土资源化试验

6.1 绿化用土

该技术以部分盾构渣土或以经泥浆处理设备分离分级出的黏性物料为主物料，添加少量分离出的砂性物料、专用改良剂和调理剂等材料，通过专用的均混搅拌装置，制备出满足不同要求的种植土产品。该产品盾构废弃土的掺加量可达到80%~98%，主要分为两类：一类可满足一般性的植物生长要求；另一类可满足土地改良、林地和园林绿化植物所需，达到《园林绿化工程施工及验收规范》(CJJ 82—2012)相关要求。

6.1.1 指标要求

改性处理后的盾构废弃土用作绿化用土应符合下列规定：

(1) 改性土 pH 值应符合本地区栽植土标准或按 pH 值 5.6~8.0 进行选择；

(2) 改性土全盐含量应为 0.1%~0.3%；

(3) 改性土容重应为 1.0 g/cm^3~1.35 g/cm^3；

(4) 改性土有机质含量不应小于 1.5%；

(5) 改性土块径不应大于 5 cm；

(6) 改性土应见证取样，经有资质检测单位检测并在栽植前取得符合要求的测试结果。

6.1.2 土壤 pH 测定

6.1.2.1 试验目的

测定土壤 pH 值，适用于常见土。

6.1.2.2 仪器设备

(1) 酸度计；

(2) pH 玻璃电极—饱和甘汞电极或 pH 复合电极；

(3) 搅拌器。

6.1.2.3 试剂和溶液

(1) 邻苯二甲酸氢钾；

(2) 磷酸氢二钠；

(3) 硼砂($Na_2B_4O_7 \cdot 10H_2O$)；

(4) 氯化钾；

(5) pH 值为 4.01(25℃)标准缓冲溶液：称取经 110℃～120℃烘干 2 h～3 h 的邻苯二甲酸氢钾 10.21 g 溶于水，移入 1 L 容量瓶中，用水定容，贮于塑料瓶；

(6) pH 值为 6.87(25℃)标准缓冲溶液：称取经 110℃～130℃烘干 2 h～3 h 的磷酸氢二钠 3.53 g 和磷酸二氢钾 3.39 g 溶于水，移入 1 L 容量瓶中，用水定容，贮于塑料瓶；

(7) pH 值为 9.18(25℃)标准缓冲溶液：称取经平衡处理的硼砂($Na_2B_4O_7 \cdot 10H_2O$)3.80 g 溶于无 CO_2 的水，移入 1 L 容量瓶中，用水定容，贮于塑料瓶；

(8) 硼砂的平衡处理：将硼砂放在盛有蔗糖和食盐饱和水溶液的干燥器内平衡两昼夜；

(9) 去除 CO_2 的蒸馏水。

6.1.2.4 试验步骤

(1) 仪器校准。将仪器温度补偿器调节到与试液、标准缓冲溶液同一温度值。将电极插入 pH 值为 4.01 的标准缓冲溶液中，调节仪器，使标准溶液的 pH 值与仪器标示值一致。移出电极，用水冲洗，以滤纸吸干，插入 pH 值为 6.87 标准缓冲溶液中，检查仪器读数，两标准溶液之间允许绝对差值 0.1 pH 单位。反复几次，直至仪器稳定。如超过规定允许差，则要检查仪器电极或标准液是否有问题。当仪器校准无误后，方可用于样品测定。

(2) 土壤水浸 pH 的测定。称取通过 2 mm 孔径筛的风干试样 10 g(精确至 0.01 g)于 50 mL 高型烧杯中，加去除 CO_2 的水 25 mL(土液比为 1∶2.5)，用搅拌器搅拌 1 min，使土粒充分分散，放置 30 min 后进行测定。将电极插入试样悬液中(注意玻璃电极球泡下部位于土液界面处，甘汞电极插入上部清液)，轻轻转动烧杯以除去电极的水膜，促使快速平衡，静置片刻，按下读数开关，待读数稳定时记下 pH 值。放开读数开关，取出电极，以水洗净，用滤纸条吸干水分后即可进行第二个样品的测定。每测 5～6 个样品后需用标准溶液检查定位。

6.1.3 土壤容重测定

6.1.3.1 试验目的

测定土壤容重,可以更好地确定土壤的性质。除坚硬和易碎的土壤外,该试验适用于各类土壤容重的测定。

6.1.3.2 仪器设备

(1) 环刀(容积 100 cm^3);

(2) 钢制环刀托:上有两个小排气孔;

(3) 削土刀:刀口要平直;

(4) 小铁铲、木槌;

(5) 天平(分度值 0.1 g);

(6) 电热恒温干燥箱;

(7) 干燥器。

6.1.3.3 试验步骤

(1) 采样前,事先在各环刀的内壁均匀地涂上一层薄薄的凡士林,逐个称取环刀质量(m_1),精确至 0.1 g。

(2) 选择好土壤剖面后,按土壤剖面层次,自上至下用环刀在每层的中部采样。先用铁铲刨平采样层的土面,将环刀托套在环刀无刃的一端,环刀刃朝下,用力均衡地压环刀托把,将环刀垂直压入土中。如土壤较硬,环刀不易插入土中时,可用木槌轻轻敲打环刀托把,待整个环刀全部压入土中,且土面即将触及环刀托的顶部(可由环刀托盖上的小孔窥见)时,停止下压。

(3) 用铁铲把环刀周围土壤挖去,在环刀下方切断,并使其下方留有一些多余的土壤。

(4) 取出环刀,将其翻转过来,刃口朝上,用削土刀迅速刮去黏附在环刀外壁上的土壤,然后从边缘向中部用削土刀削平土面,使之与刃口齐平。盖上环刀顶盖,再次翻转环刀,使已盖上顶盖的刃口一端朝下,取下环刀托。同样削平无刃口端的土面并盖好底盖。

(5) 在环刀采样底相近位置另取土样 20 g 左右,装入有盖铝盒,按照 NY/T 1121.3—2006 附录 A 的方法测定含水量(ω)。将装有土样的环刀迅速装入木箱带回室内,在天平上称取环刀及湿土质量(m_2)。

6.1.3.4 结果整理

$$r = \frac{(m_2 - m_1) \times 1\,000}{V \times (1\,000 + \omega)} \tag{6.1-1}$$

式中：m_2——环刀及湿土质量，单位为克(g)；

m_1——环刀质量，单位为克(g)；

V——环刀容积，单位为立方厘米(cm^3)，$V = \pi r^2 h$，其中 r 为环刀有刃口一端的内半径(cm)，h 为环刀高度；

ω——土壤含水量，单位为克每千克(g/kg)。测定结果以算术平均值表示，保留两位小数。

6.1.4 其他相关性质测试

参考规范《土壤检测系列标准》(NY/T 1211—2006)。

6.2 道路填土材料

该技术适合于各种类型的盾构废弃土，根据土性添加适量固化剂，通过专用的均混搅拌装置，制备出满足不同要求的道路填土材料，盾构废弃土的掺加量可达到85%~98%。

6.2.1 指标要求

为了评价改性土作道路填土材料的性能要求，需要测定无侧限抗压强度、界限含水率、各形态水分的含量、水稳定性等一系列指标，具体评价方法可参照《公路路面基层施工技术细则》(JTG/T F20—2015)和《公路水泥混凝土路面施工技术细则》(JTG/T F30—2014)的规定。土的无侧限抗压强度和界限含水率的测定可参照第二章，下文主要介绍孔隙水和结合水含量以及水稳定性的测量方法。

6.2.2 孔隙水和结合水含量测定试验

6.2.2.1 试验目的

测定废弃土改性过程中的孔隙水和结合水含量，用于评价废弃土的性质变化。适用于各种类型的盾构废弃土。

6.2.2.2 仪器设备

(1) 高速离心机:测定土体内结合水含量,即利用高速离心机旋转所产生的离心力分离土体内较低势能的水分,通过不同转速(势能)下对应的试样中的水分含量,推求出分离势能与水量的关系,从而计算结合水率,高速离心机及配套转子如图 6-1 所示。

(2) 天平:称量 200 g,分度值 0.01 g。

(3) 其他:调土刀、不锈钢杯、凡士林、称量盒、烘箱、干燥器等。

图 6-1　高速离心机及配套转子

6.2.2.3 试验步骤

1) 孔隙水含量

(1) 称取铝盒质量 m_0,取代表性试样 15～30 g,放入铝盒内,盖上盒盖,称盒加湿土的质量 m_1,准确至 0.01 g。得到湿土质量为 $m_w=m_1-m_0$。

(2) 将盒置于烘箱内,设定 105℃恒温下,烘干大于 8 h 至土体恒重。

从烘箱内取出铝盒,冷却至室温后称量铝盒与干土总质量 m_2,准确至 0.01 g。扣除铝盒质量 m_0,即得干土质量 $m_s=m_2-m_0$。

2) 结合水含量

(1) 称量配套转子内的环刀质量 m_0。

(2) 在环刀底部放置滤纸后放入旋杯,向环刀内装填土体,每个试样装 2 个,每次分 3 层装填共 100～120 g 土样,每次装填时应迅速压实土体表面,三层压实后立即盖上旋杯盖。称量环刀与土样总质量 m_1。

（3）通过在承水杯内放置配重片配平，每对旋杯的质量差小于 0.2 g。配平后将旋杯放入转子内，盖上转子盖。

（4）将离心机转子放入离心机内，设定离心机转速 n 为 3 000 r/min、5 000 r/min、7 000 r/min、9 000 r/min，温度 20℃，旋转时间 3 h。

（5）在设定转速进行离心机试验，每级转速下运行 3 h 后，停止离心机，取出环刀，称量环刀与湿土总质量 m_i，使用游标卡尺测量旋杯顶到试样表面的距离 h，然后设定在下一级离心机转速运行。最后一级转速结束并测量后，把环刀连同湿土在 105℃下烘干至恒重(时间＞8 h)，测量环刀与干土总质量 m_2。

6.2.2.4 结果整理

（1）根据下算试样的含水率，准确至 0.1%：

$$\omega = \frac{m_\omega}{m_s} \times 100\% = \frac{m_1 - m_2}{m_2 - m_0} \times 100\% \tag{6.2-1}$$

（2）根据下式计算不同转速下的分离势能 pF：

$$\mathrm{pF} = 2\lg n + \lg(r_0 - r_1) + \lg\left(\frac{r_0 + r_1}{2}\right) - 4.95 \tag{6.2-2}$$

式中：n—离心机的转速，r/min；

r_0—试样底到离心机转盘中心距离，9.8 cm；

r_1—试样中心到离心机旋转中心距离，cm；

h—旋杯顶到试样表面的距离，cm。

6.2.3 水稳定性测定试验

6.2.3.1 试验目的

评价改性土在水的作用下保持自身强度及变形特性的能力，适用于各类土。

6.2.3.2 试验步骤

（1）试样的制作方法及尺寸与前文所述无侧限抗压强度试验相同。

（2）将标准养护条件下养护至设计龄期(7 d)的试样放入装有蒸馏水的

盛水容器中浸水 1 d 后,按照这无侧限抗压强度试验方法测试试样的浸水抗压强度(图 6-2)。

(3) 试验中记录浸水前后试样的完整度(是否崩解)及质量损失。

图 6-2　水稳定性试验示意图

6.2.3.3　结果整理

试验中采用软化系数 K_r 即浸水前后的无侧限抗压强度比,作为定量标准评价改性土的水稳定性。软化系数 K_r 的计算为:

$$K_r = \frac{q_{ut}}{q_u} \tag{6.2-3}$$

式中:K_r——软化系数,无量纲;

q_{ut}——浸水 1 d 后试样的无侧限抗压强度,kPa;

q_u——标准养护条件下试样的无侧限抗压强度,kPa。

6.3　预拌流态固化土

预拌流态固化土是指在土中加入一定量的固化剂、外加剂和水拌和均匀,形成具有一定流动性,且凝固后能达到一定强度的混合物,下文简称"固化土"。固化剂是以 CaO、活性 Al_2O_3 和 SiO_2 等为主要成分,同时添加具有改善土颗粒表面的功能性添加剂和活性激发剂制成的功能性复合胶凝材料。

6.3.1　指标要求

固化土的设计指标应根据实际工程的要求,无特殊要求可参考表 6-1。

表 6-1　固化土的设计指标

应用类别		最小强度(MPa)		坍落度(mm)	拓展度(mm)
路基回填	路基下深度(m)	a 类	b 类	80~150	/
	0.0~0.8	0.8	0.6		
	0.8~1.5	0.6	0.4		
	>1.5	0.4			
空洞、肥槽回填		根据工程需要确定且不小于 0.4 MPa		150~240	>400

6.3.2　流态固化土流动度测定

6.3.2.1　试验目的

确定流态固化土的流动度,适用于所有流态固化土的流动度。

6.3.2.2　仪器设备

(1) 硬质空心圆筒 1 个,内径 80 mm,净高 80 mm,内壁光滑;

(2) 光滑硬板 1 块,边长不小于 400 mm;

(3) 直尺 1 把,测量长度不小于 250 mm;

(4) 秒表 1 块。

6.3.2.3　试验步骤

(1) 试验采用新拌流态固化土,室内取样在搅拌好的拌和物中制取,现场取样在泵送管出口处制取;

(2) 将空心圆筒放置在硬板上;

将拌和物缓慢倒入圆筒中,使拌和物充满圆筒,沿端口刮平拌和物;

(3) 缓慢上提空心圆筒,使拌和物自然坍落;

(4) 静置 1 min,测量坍落体的最大水平直径;

(5) 重复上述步骤,取 3 次试验的算术平均值为流态固化土的流动度。

6.3.3　固化土立方体抗压强度测试方法

6.3.3.1　试验目的

测定固化土立方体的抗压强度,评价其性能好坏,适用于固化土立方体的强度测试。

6.3.3.2 仪器设备

(1) 材料试验机:如图 6-3 所示,除应符合现行国家标准《试验机 通用技术要求》(GB/T 2611—2022)中技术要求外,精度不应低于±2%,量程的选择应能使试件的预期最大破坏荷载处于全量程的 20%~80%范围内;

(2) 电子秤;

(3) 直尺。

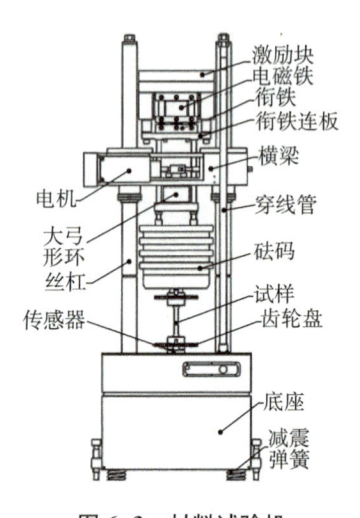

图 6-3　材料试验机

6.3.3.3 试验步骤

(1) 检查试件外观,试件表面必须平整,不得有明显裂缝和缺陷;

(2) 测量试件尺寸,计算试件的承压面积;

(3) 将试件放置在下压板中心位置,试件承压面水平,开动材料试验机使得试件与下压板好接触;

(4) 开动试验机施加荷载,直至试样破坏;

(5) 计算试件强度。

6.3.4　其他相关参数指标测定

参考规范《土工试验方法标准》(GB/T 50123—2019)和《混凝土物理力学性能试验方法标准》(GB/T 50081—2019)。

6.4 砖制品

主要介绍烧结普通砖和透水砖两种。该压制砖技术以砂性盾构渣土为主物料,添加少量分离出的黏性物料、少量压制砖专用增强剂、少量细骨料,调整合适的粒径、级配和含水率,采用自动化压砖系统制备出砖制品,盾构废弃土的掺加量可达到40%~65%。

6.4.1 普通烧结砖

6.4.1.1 规格

砖的外形为直角六面体,其公称尺寸:长 240 mm,宽 115 mm,高 53 mm。

6.4.1.2 强度等级

强度等级应符合表 6-2 规定。

表 6-2 强度等级(MPa)

强度等级	抗压强度平均值 $\overline{f}$	强度标准值 f_k
MU30	≥30.0	≥22.0
MU25	≥25.0	≥18.0
MU20	≥20.0	≥14.0
MU15	≥15.0	≥10.0
MU10	≥10.0	≥6.0

强度等级试验按(GB/T 2542—2012)规定的方法进行。其中试样数量为 10 块,加荷速度为 (5 ± 0.5)KN/s。试验后按式(6.4-1)计算出强度标准差 S。

$$S = \sqrt{\frac{1}{9}\sum_{i=1}^{10}(f_i - \overline{f})^2} \qquad (6.4-1)$$

式中:S——10 块试样的抗压强度标准差,单位为兆帕(MPa),精确至 0.01;

$\overline{f}$——10 块试样的抗压强度平均值,单位为兆帕(MPa),精确至 0.1;

f_i——单块试样抗压强度值,单位为兆帕(MPa),精确至 0.01。

得到 S 后按式(6.4-2)计算出强度标准值 f_k:

$$f_k = (f_i - \overline{f})/S \qquad (6.4-2)$$

6.4.1.3 主要指标测试方法

(1) 抗风化性能:按 GB/T 5101—2017 规定的要求进行检验;

(2) 冻融试验:按 GB/T 2542—2012 规定的试验方法进行;

(3) 石灰爆裂、泛霜、吸水率和饱和系数:按 GB/T 2542—2012 规定的试验方法进行;

(4) 欠火砖、酥砖和螺旋纹砖:按 GB/T 2542—2012 规定的检验方法进行。

6.4.2 透水砖折减强度测试

6.4.2.1 试验目的

测试试件的折减强度,适用于透水砖。

6.4.2.2 仪器设备

(1) 材料试验机(参考图 6-3)。

(2) 支座及加压棒:支座的两个支承棒和加压棒的直径为(38 ± 2)mm,材料为钢质,长度210 mm。支承棒和加压棒在每次使用前,必须在工作台上,将其平放,用水平尺沿水平方向同向靠在上面校正,说明其满足要求后,方可使用。

(3) 三块垫片:每片垫片的宽(15 ± 1)mm,厚(4 ± 1)mm,垫片长度应至少比试件宽度(H)长 10 mm。垫板的材质为五合板。

(4) 钢直尺、游标卡尺、切割机、磨光机、水平尺、工作台等。

6.4.2.3 试样制备

(1) 路面板宽度大于 200 mm 时,先用切割机切割,使抗折试件满足宽 $H=(200\pm5)$mm。

(2) 对于具有凹凸不平面层的路面板试件,须在高度方向加荷的中间处切磨出一条宽度大于 30 mm 的平面。

(3) 在工作台上,用水平尺检查试件做抗折强度的两个支承线、一个加荷线的接触处,是否平整。

(4) 凸起处要用磨光机磨去;凹面处宜用 R 型硅酸盐水泥(或硫铝酸盐、铁铝酸盐类水泥)净浆找平,水泥标号 42.5#。

(5) 抗折强度试验中,试件厚度 B 的取值测量:磨光处在磨光后测,有找平材料处在抹面前测;取支承线和加荷线两端的共计六个测量值的最小值。若透水路面板公称尺寸的厚度值与抗折强度试件的厚度 B 值之差超出 5 mm,则表面试件制作失败,需重新制作抗折强度试件。

(6) 在工作台上,用试件两根支承棒、水平仪,组成一个模拟抗折强度试验形状,水平仪代替加荷棒。以检查试件的两个支承面和一个加荷面是否水平。若有误差,可用磨光机或找平材料继续加工,直至满足要求。对使用水泥找平材料的试件,需先在标准养护室(温度 20±5℃,湿度 70%±5%)养护 24 h 后方可进行抗折强度试验。

(7) 磨光或找平材料的深度,应不大于 2 mm。有凹凸不平面层透水砖面层的磨削深度可大于 2 mm。

6.4.2.4 试验步骤

(1) 将制样完成后的试件浸入(20±5)℃的水中,(24±3)h 后取出。

(2) 抹去表面水分,立即进行试验。

(3) 将试件放置在试验机的支承座上,支承点距端部的距离为 30 mm,均匀地加荷至试件折断,记录破坏荷载。加荷速度大小宜满足使断裂荷载出现在(45±15)s 范围内。

6.4.2.5 结果处理

单块试件的抗折强度按下式计算,精确至 0.1 MPa。

$$R_f = \frac{3PL}{2HB^2} \qquad (6.4-3)$$

式中:R_f——抗折强度,单位为兆帕(MPa);

P——破坏荷载,单位为牛顿(N);

L——两支承点间的距离,单位为毫米(mm);

H——试件宽度,单位为毫米(mm);

B——试件厚度,单位为毫米(mm)。

试验结果以五个试件抗折强度的算术平均值和单块最小值表示。

第 7 章

刀具性能测试试验

7.1 洛氏硬度试验

洛氏硬度是以压痕塑性变形深度来确定硬度值的指标,以 0.002 mm 作为一个硬度单位。在洛氏硬度试验中采用不同的压头和不同的试验力,会产生不同的组合,对应于洛氏硬度不同的标尺。

洛氏硬度(HRC)测试,当被测样品过小或者布氏硬度(HB)大于 450 时,就改用洛氏硬度计量。试验方法是用一个顶角为 120 度的金刚石圆锥体或直径为 1.587 5 mm、3.175 mm、6.35 mm、12.7 mm 的钢球,在一定载荷下压入被测材料表面,由压痕深度求出材料的硬度。最常用的三种标尺为 A、B、C,即 HRA、HRB、HRC,要根据试验材料硬度的不同,选用不同硬度范围的标尺来表示。

HRA 是采用 60 kg 载荷和钻石锥压入器求得的硬度,用于硬度较高的材料。例如钢材薄板、硬质合金。

HRB 是采用 100 kg 载荷和直径 1.580 mm 淬硬的钢球求得的硬度,用于硬度较低的材料。例如:软钢、有色金属、退火钢等。

HRC 是采用 150 kg 载荷和钻石锥压入器求得的硬度,用于硬度较高的材料。例如淬火钢、铸铁等。

7.1.1 试验目的

对于材料质量的硬度性能进行有效的评定。适用于淬火、表面淬火钢,调质、退火钢,冷硬铸件,可锻铸件,硬质合金钢,铝合金,轴承钢,硬化薄钢板等表面硬度的评定。

7.1.2 仪器设备

HRS-150 数显洛氏硬度计(图 7-1)、大平试台 1 个、小平试台 1 个、V 型试台 1 个、金刚石圆锥压头 1 只、1/16 钢球压头 1 只、打印机 1 台、标准洛氏硬度块 5 块。

7.1.3 试样

试验前需将试样上下两面磨平。

第7章 刀具性能测试试验

1-压头止紧螺丝;2-试台;3-旋轮;4-变荷手轮。

图 7-1　500RA 手动洛氏硬度计

7.1.4　操作步骤

(1) 将试样或试块放在试台上;

(2) 调节度盘,使大指针指"C"点;

(3) 将试验力选择钮转到试验所需标尺相应的试验力;

(4) 在注视硬度指示盘的同时,顺时针转动旋轮使螺杆上升,先使试样与金刚石压头缓慢接触,再继续转动旋轮,直至硬度刻度指针(大指针)转三圈,初试验力指针(小指针)指向红色标记(施加初试验力);

(5) 如果硬度指针转三圈后,偏离"C"零位时,允许在偏离"C"±5HR 范围内,将度盘上刻度"C"零位转到大指针对准对零;

(6) 将连杆手柄推向硬度计后方,硬度计开始加主试验力,表针开始移动(施加主试验力);

(7) 在硬度计刻度指针停止移动后,即进入保持试验力时间,保持时间结束,即将试验操纵手柄平稳无冲击拉向硬度计的前方,从而卸除主试验力;

(8) 主试验力卸除后,即可读取刻度盘上指针所指刻度上洛氏硬度值;

(9)硬度值读取后,即可以逆时针转动旋轮降下升降螺杆,卸除初试验力。

7.1.5 结果整理

报告内容应包括:试验报告编号和日期;操作者姓名;材料信息;洛氏硬度值等。

7.2 硬质合金抗弯强度试验

7.2.1 试验目的

弯曲试验是以圆形、方形、矩形或多边形横截面试样在弯曲装置上经受弯曲塑性变形,不改变加力方向,直至达到规定的弯曲角度。弯曲试验时,试样两臂的轴线保持在垂直于弯曲轴的平面内。如为弯曲180°角的弯曲试验,按照相关产品标准的要求,可以将试样弯曲至两臂直接接触或两臂相互平行且相距规定距离,可使用垫块控制规定距离。

7.2.2 试验设备

弯曲试验应在配备下列弯曲装置之一的试验机或压力机上完成:
(1)配有两个支辊和一个弯曲压头的支辊弯曲装置,见图7-2。

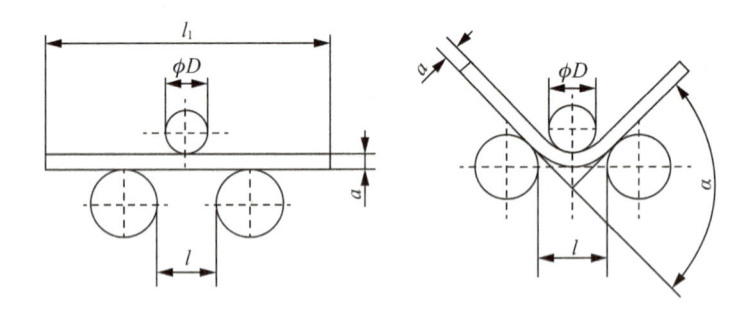

图7-2 支辊弯曲装置

支长度和弯曲压头的宽度应大于试样宽度或直径,曲压头的直径由产品标准规定。支辊和弯曲压头应具有足够的硬度。

除非另有规定,支辊间距离 l 应按照(7.2-1)确定:

$$l=(D+3a)\pm\frac{a}{2} \tag{7.2-1}$$

此距离在试验期间应保持不变。

此距离在试验前期保持不变,对于180°弯曲试样此距离会发生变化。

(2) 配有一个"V"形模具和弯曲压头的"V"形模具弯曲装置,见图7-3;模具的"V"形槽其角度应为$(180°-\alpha)$,弯曲角度应在相关产品标准中规定。

模具的支承棱边应倒圆,其倒圆半径应为1~10倍试样厚度,模具和曲压头宽度应大于试样宽度或直径并应具有足够的硬度。

(3) 虎钳弯曲装置,见图7-4。

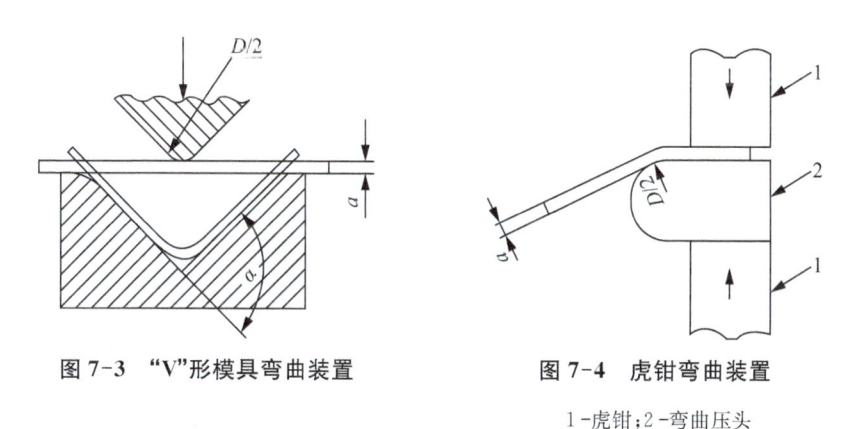

图7-3 "V"形模具弯曲装置

图7-4 虎钳弯曲装置

1-虎钳；2-弯曲压头

装置由虎钳及有足够硬度的弯曲压头组成(图7-4)可以配置加力杆。弯曲压头直径应按照相关产品标准要求,弯曲压头宽度应大于试样宽度或直径。

由于虎钳左端面的位置会影响测试结果,因此虎钳的左端面不能达到或者超过弯曲压头中心垂线(图7-5)。

7.2.3 试样

(1) 一般要求

试验使用圆形、方形、矩形或多边形横截面的试样。样坯的切取位置

图 7-5　三点弯曲试验机

和方向应按照相关产品标准的要求,如未具体规定,对于钢产品,应按照 GB/T 2975—2018 的要求。试样应去除由于火焰切制或类似的操作而影响了材料性能的部分。如果试验结果不受影响,允许不去除试样受影响的部分。

(2) 矩形试样的棱边

试样表面不得有划痕和损伤。方形、矩形和多边形横截面试样的棱边应倒圆,倒圆半径不能超过以下数值:

1 mm,当试样厚度小于 10 mm;

1.5 mm,当试样厚度大于或等于 10 mm 且小于 50 mm;

3 mm,当试样厚度不小于 50 mm。

棱边倒圆时不应形成影响试验结果的横向毛刺、伤痕或刻痕。如果试验结果不受影响,允许试样的棱边不倒圆。

(3) 试样的宽度

试样宽度应按照相关产品标准的要求,如未具体规定,应按照以下要求:

当产品宽度不大于 20 mm 时,试样宽度为原产品宽度;

当产品宽度大于 20 mm 时:当产品厚度小于 3 mm 时,试样宽度为(20±5)mm;当产品厚度不小于 3 mm 时,试样宽度在 20 mm～50 mm 之间。

(4) 试样的厚度

试样厚度或直径应按照相关产品标准的要求,如未具体规定,应按照以下要求:

对于板材、带材和型材,试样厚度应为原产品厚度。如果产品厚度大于 25 mm,试样厚度可以加工减薄至不小于 25 mm,并保留一侧原表面。弯曲试验时,试样保留的原表面应位于受拉变形一侧。

直径(圆形横截面)或内切圆直径(多边形横截面),其试样横截面应为原产品的横截面。对于直径或多边形横截面内切圆直径超过 30 mm 不大于 50 mm 的产品,可以将其机加工成横截面内切圆直径不小于 25 mm 的试样(图 7-6)。试验时试样未经机加工的原表面应置于受拉变形的一侧。

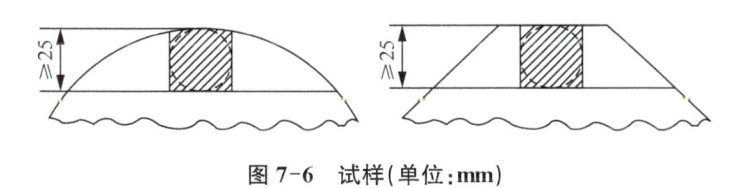

图 7-6 试样(单位:mm)

7.2.4 试验操作

(1) 试验一般在 10~35℃的室温范围内进行。对温度要求严格的试验,试验温度应为(23 ± 5)℃。

(2) 按照相关产品标准规定,采用下列方法之一完成试验:

试样在给定的条件和力作用下曲至规定的曲角度(图 7-2、图 7-3、图 7-4);

试样在力作用下弯曲至两臂相距规定距离且相互平行(图 7-8);

试样在力作用下弯曲至两臂直接接触(图 7-9)。

(3) 试样弯曲至规定弯曲角度的试验。应将试样放于两支辊(图 7-2)或"V"形具(图 7-3),试样轴线应与弯曲压头轴线垂直,弯曲压头在两支座之间的中点处对试样连续施加力使其弯曲,直至达到规定的弯曲角度。弯曲角度 α 可以通过测量弯曲压头的位移计算得出。

可以采用图 7-4 方法进行弯曲试验。试样一端固定,绕弯曲压头进行弯曲,可以绕过弯曲压头,直至达到规定的弯曲角度。

弯曲试验时,应当缓慢地施加弯曲力,以使材料能够自由地进行塑性变形。

当出现争议时,试验速率应为(1±0.2)mm/s。

使用上述方法如不能直接达到规定的弯曲角度,可将试样置于两平行压板之间(图7-7),连续施力压其两端使其进一步弯曲,直至达到规定的弯曲角度。

(4) 试样弯曲至两臂相平行的试验。首先对试样进行初曲,然后将试样置于两平行压板之间(图7-7),连续施力压其两端使其进一步弯曲,直至两臂平行(图7-8)。试验时可以加或不加内置垫块。垫块厚度等于规定的弯曲压头直径,除非产品标准中另有规定。

(5) 试样弯曲至两臂直接接触的试验。首先对试样进行初曲,然后将试样置于两平行压板之间,连续施力压其两端使其进一步弯曲,直至两臂直接接触(图7-9)。

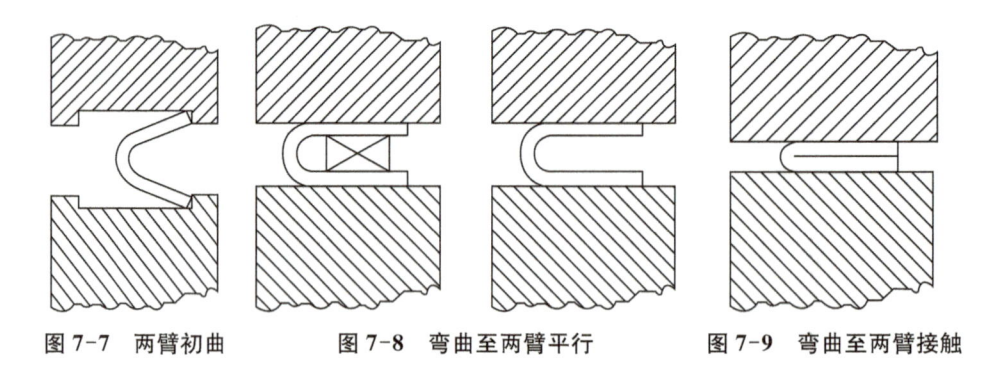

图 7-7 两臂初曲　　　图 7-8 弯曲至两臂平行　　　图 7-9 弯曲至两臂接触

7.3　盾构刀具焊缝检验

7.3.1　试验目的

对刀具焊缝抗剪强度进行检验。

7.3.2　仪器设备

万能试验机(图7-10)、直尺、专用辅具。

图 7-10　万能试验机

7.3.3　试样

(1) 刀体与圆柱状硬质合金头焊接。在硬质合金头的圆柱部分截取长度小于 8 mm，截面与质金头轴线直度差小于 0.02 m 的试样，如图 7-11 所示。

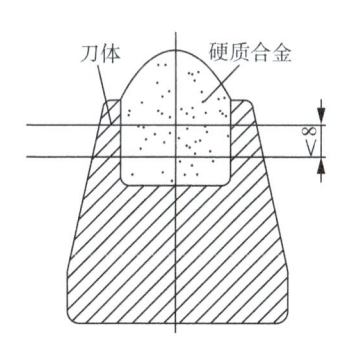

图 7-11　试样示意图

(2) 刀体与片状硬质合金焊接。在产品的硬质合金头部垂直于钎焊平面割两个平行平面，将两个平行平面之间的部分作为试件。两平行平面间距不小于 10 mm(图 7-12)。

(3) 焊缝充满度。取样的位置应根据不同检验部位的要求进行。取样的截面应通过硬质合金的中间部位，并在最大焊接截面上进行取样。亦可将刀具焊缝抗剪强度试验的试样作为样品。

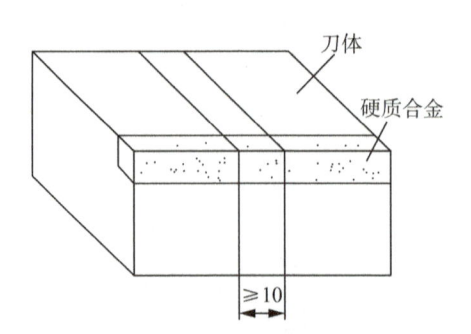

图 7-12 试样示意图

7.3.4 试验步骤

(1) 刀体与圆柱状硬质合金头焊接

用专用辅具(图 7-13)在材料试验机上测试。材料试验机以 10 MPa/s 的加率向下对压头施加载荷 P,直至试样上的硬质合金和刀体之间焊缝破坏,读取破坏时的载荷值,并计算焊缝抗剪强度。

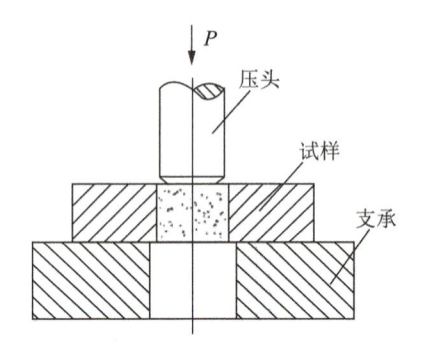

图 7-13 专用辅具示意图

(2) 刀体与片状硬质合金焊接

用专用辅具(图 7-14)在材料试验机上测试。材料试验机以 10 MPa/s 的加载速率向下对压头施加载荷 P,直至试样上的硬质合金和刀体之间焊缝破坏,读取破坏时的载荷值,并计算焊缝抗剪强度。

(3) 焊缝充满度

在五倍放大镜下观测截面上的焊缝并测量实际长度,按式(7.3-1)计算:

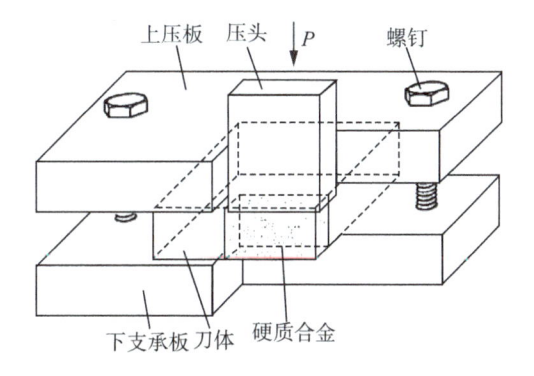

图 7-14 试样示意图

$$A = \frac{L_1}{L} \times 100\% \quad (7.3\text{-}1)$$

式中：A——充满度；

L_1——纵、横两截面上实测有效焊缝长度之和，(mm)；

L——纵、横两截面上理论计算焊缝长度之和，(mm)。

7.3.5 结果整理

试验报告应包含：焊缝尺寸、抗剪强度等。

7.4 晶粒度检测

金属材料平均晶粒度的测定常用比较法，也可用截点法和面积法。这些基本测量方法以晶粒几何图形为基础，与金属或合金本身无关，非金属材料的晶粒、晶体或晶胞的平均尺寸的测定可参照使用。如果材料组织形貌接近于某一个标准系列评级图，可用比较法。但是，不能使用比较法中的评级图来测量单个晶粒。

上述试验方法，只能测量晶粒度单峰分布试样的平均晶粒度。对于具有双峰（或更复杂的）分布的试样晶粒度用上述标准和《金相检测面上最大晶粒尺寸级别（ALA 晶粒度）测定方法》(YB/T 4290—2012)测量，晶粒分布特征用《双重晶粒度表征与测定方法》(GB/T 24177—2009)表征。对于细晶基体出现个别粗大晶粒的试样，可用 YB/T 4290—2012 进行 ALA 晶粒度测定。

7.4.1 试验目的

该标准适用于单相组织,但经具体规定后也适用于多相或多组元试样中特定类型的晶粒平均尺寸测定。非金属材料如组织形貌与比较评级图中金属组织相似也可参照使用。

该标准利用晶粒的面积、直径或截线长度的单峰分布(近似于对数正态分布)来测定试样的平均晶粒度,不适用于双峰分布的晶粒度。双重晶粒度的评定参考 GB/T 24177—2009。分布在细小晶粒基体上个别非常粗大的晶粒的测定方法参考 YB/T 4290—2012。

7.4.2 仪器设备

光学显微镜(图 7-15)。

图 7-15 光学显微镜

7.4.3 试样

测定晶粒度用的试样应在交货状态材料上切取。取样部位与数量按产品标准或技术条件规定,如果产品标准或技术条件未规定,则在钢材半径或边长 1/2 处截取。推荐试样尺寸为 10 mm×10 mm。切取试样应避开受剪切、加热影响的区域。不能使用会改变晶粒结构的方法切取试样。

有加工变形晶粒的试样检验平行于加工方向的检验面(纵截面)，必要时还应检验垂直于加工方向的检验面(横截面)。等轴晶粒可以随机选取检验面。检验铁素体钢的奥氏体晶粒度，需要对试样进行热处理，具体方法按产品标准或技术条件的规定。如果产品标准或技术条件未规定，渗碳钢采用渗碳法，其他钢可以采用直接淬硬法或者氧化法。检验铁素体晶粒度和奥氏体钢晶粒度，一般试样不需要热处理。晶粒度试样不允许重复热处理，用于渗碳处理的试样应去除脱碳层和氧化皮。试样的磨抛和侵蚀按 GB/T 13298—2015 规定执行。试样的侵蚀应使大部分晶界完全显示出来。

7.4.4 试验步骤

(1) 比较法

比较法不需计数晶粒、截点或截距。与标准系列评级图进行比较，评级图有的是标准挂图、有的是目镜插片。用比较法评估晶粒度时一般存在一定的偏差(±0.5 级)。评级值的重现性与再现性通常为±1 级。当晶粒形貌与标准评级图的形貌完全相似时，评级误差最小。

该标准有下列四个系列标准评级图。

评级图Ⅰ:无孪晶晶粒(浅腐蚀)100 倍；

评级图Ⅱ:有孪晶晶粒(浅腐蚀)100 倍；

评级图Ⅲ:有孪晶晶粒(深腐蚀)75 倍；

评级图Ⅳ:钢中奥氏体晶粒(渗碳法)100 倍。

表 7-1 是常用材料推荐使用的标准评级图片。

表 7-1 常用材料推荐使用的标准评级图片

标准评级图	适用范围
图Ⅰ	① 铁素体钢的奥氏体晶粒即采用氧化法、直接淬硬法、铁素体网法及其他方法显示的奥氏体晶粒； ② 铁素体钢的铁素体晶粒； ③ 铝、镁和镁合金、锌和锌合金、高强合金
图Ⅱ	① 奥氏体钢的奥氏体晶粒(带孪晶的)； ② 不锈钢的奥氏体晶粒(带孪晶的)； ③ 镁和镁合金、镍和镍合金、锌和锌合金、高强合金

续表

标准评级图	适用范围
图Ⅲ	铜和铜合金
图Ⅳ	① 渗碳钢的奥氏体晶粒； ② 渗碳体网显示的晶粒； ③ 奥氏体钢的奥氏体晶粒(无孪晶的)

观测者需要正确的判断并选择所使用的放大倍数、合适的检验面的尺寸（晶粒数）、试样代表性截面的数量与位置和测定特征或平均晶粒度用的视场。不能凭视觉选择出似乎是平均晶粒度的区域评定。晶粒度的评定应在试样截面上随机选取三个或三个以上的代表性视场测量平均晶粒度，以最能代表试样晶粒大小分布的级数报出。若试样中发现晶粒不均匀现象，经全面观察后，如属偶然或个别现象，可不予计算。如较为普遍，则应计算出不同级别晶粒在视场中各占面积百分比。若占优势晶粒所占的面积不少于视场面积的90%，则只记录此一种晶粒的级别数。否则，应用不同级别数来表示该试样的晶粒度，其中第一个级别数代表占优势的晶粒的级别。出现双重晶粒度，按 GB/T 24177—2009 评定，出现个别粗大晶粒可以按照 YB/T 4290—2012 评定。

显微晶粒度的评定，通常使用与相应标准系列评级图相同的放大倍数，直接进行对比。通过有代表性视场的晶粒组织图像或显微照片与表 7-1 的系列评级图或标准评级图复制透明软片比较，选取与检测图像最接近的标准评级图级别数或晶粒直径，记录评定结果。介于两个整数级别标准图片之间，以两个图片级别平均值记录。如将检测的晶粒图像与标准系列评级图投影到同一荧屏上，可提高评级精确度。当待测晶粒度超过标准系列评级图片所包括的范围，或基准放大倍数(75 倍或 100 倍)不能满足需要时，可采用其他的放大倍数，通过表7-2、表 7-3 或按公式(7.4-1)进行换算处理。通常，所选用的放大倍数是基准放大倍数的简单整数倍。若采用其他放大倍数 M 进行比较评定，将放大倍数 M 的待测晶粒图像与基准放大倍数 M_b(75 倍或 100 倍)的系列评级图片比较，评出的晶粒度级别数 G'，其显微晶粒度级别数 G 为：

$$G = G' + Q \tag{7.4-1}$$

式中：$Q = 6.6439 \lg(M/M_b)$，保留 0.5 单位。

表7-2 评级图Ⅲ在不同放大倍数下测定的显微晶粒度的关系

放大倍数	评级图Ⅲ图片编号(75倍)													
	1	2	3	4	5	6	7	8	9	10	11	12	13	14
25	0.015 (9.2)	0.030 (7.2)	0.045 (6.0)	0.060 (5.2)	0.075 (4.5)	0.105 (3.6)	0.135 (2.8)	0.150 (2.5)	0.180 (2.0)	0.210 (1.6)	0.270 (0.8)	0.360 (0)	0.451 (0/00)	0.600 (00+)
50	0.007 5 (11.2)	0.015 (9.2)	0.022 5 (8.0)	0.030 (7.2)	0.037 5 (6.5)	0.053 (5.6)	0.067 5 (4.8)	0.075 (4.5)	0.090 (4.0)	0.105 (3.6)	0.135 (2.8)	0.180 (2.0)	0.225 (1.4)	0.300 (0.5)
75	0.005 (12.3)	0.010 (10.3)	0.015 (9.2)	0.020 (8.3)	0.025 (7.7)	0.035 (6.7)	0.045 (6.0)	0.050 (5.7)	0.060 (5.2)	0.070 (4.7)	0.090 (4.0)	0.120 (3.2)	0.150 (2.5)	0.200 (1.7)
100	0.003 7 (13.2)	0.007 5 (11.2)	0.011 2 (10.0)	0.015 (9.2)	0.019 (8.5)	0.026 (7.6)	0.034 (6.8)	0.057 5 (6.5)	0.045 (6.0)	0.053 (5.6)	0.067 (4.8)	0.090 (4.0)	0.113 (3.4)	0.150 (2.5)
200	0.001 9 (15.2)	0.003 7 (13.2)	0.005 6 (12.0)	0.007 5 (11.2)	0.009 (10.5)	0.013 (9.6)	0.017 (8.8)	0.019 (8.5)	0.022 5 (8.0)	0.026 (7.6)	0.034 (6.8)	0.045 (6.0)	0.056 (5.4)	0.075 (4.5)
400	—	0.001 9 (15.1)	0.002 8 (14.0)	0.003 8 (13.1)	0.004 7 (12.5)	0.006 7 (11.5)	0.008 4 (10.8)	0.009 (10.5)	0.012 (10.0)	0.013 3 (9.5)	0.016 8 (8.8)	0.022 5 (8.0)	0.028 (7.3)	0.037 5 (6.5)
500	—	—	0.002 2 (14.6)	0.003 (13.7)	0.003 75 (13.1)	0.005 25 (12.1)	0.006 7 (11.5)	0.007 5 (11.1)	0.009 (10.6)	0.010 (10.3)	0.013 3 (9.5)	0.018 (8.7)	0.022 5 (8.0)	0.03 (7.1)

注：括号外为晶粒平均直径 d (mm)；括号内为相应的显微晶粒度级别数。

表 7-3　与标准评级图Ⅰ、Ⅱ、Ⅳ等同图像的晶粒度级别数

图像的放大倍数	标准评级图编号（100倍）									
	No.1	No.2	No.3	No.4	No.5	No.6	No.7	No.8	No.9	No.10
25	−3	−2	−1	0	1	2	3	4	5	6
50	−1	0	1	2	3	4	5	6	7	8
100	1	2	3	4	5	6	7	8	9	10
200	3	4	5	6	7	8	9	10	11	12
400	5	6	7	8	9	10	11	12	13	14
500	5.5	6.5	7.5	8.5	9.5	10.5	11.5	12.5	13.5	14.5
800	7	8	9	10	11	12	13	14	15	16
1 000	7.5	8.5	9.5	10.5	11.5	12.5	13.5	14.5	15.5	16.5

（2）面积法

面积法是通过计数给定面积网格内的晶粒数来 N 测定晶粒度。将已知面积 A（通常使用 5 000 mm²）的圆形或矩形测量网格置于晶粒图像上，选用合适的放大倍数 M，然后计数完全落在测量网格内的晶粒数 $N_{内}$ 和被网格所切制的晶粒数 $N_{交}$，该面积内的晶粒数 N 按公式(7.4-2)或(7.4-3)计算：

a. 对于圆形测量网格：

$$N = N_{内} + \frac{1}{2} N_{交} \tag{7.4-2}$$

b. 对于矩形测量网格，$N_{交}$ 不包括四个角的晶粒：

$$N = N_{内} + \frac{1}{2} N_{交} + 1 \tag{7.4-3}$$

为了取得的晶粒个数的精确计数，应将已计数的晶粒区分开，例如用笔勾画。在试验圆内的晶粒个数 N 不应超过 100 个，采用的放大倍数以使试验圆内产生约有 50 个晶粒的计数是每一个视场精确计数的最佳选择。由于精确的计数需要区分晶粒，所以面积法比截点法略逊色一些。如果试验圆内的晶粒数 N 降至 50 以下，那么使用面积法评估出的晶粒度会有偏差，有较大的分散性。偏差程度随 N 从 50 开始减小而增大。为了避免这个问题，选择合适的放大倍数，使 N 大于或等于 50，或者使用矩形和正方形试验图形，采用(7.4-4)的计算晶粒数 N，如果采用的倍数使 N 大于 100 时，计数变得冗长，

增加计数误差,结果会不准确。随机选择多个视场,晶粒总数至少为 700 时,测定晶粒度的相对准确度可达到 10%。

通过测量网格内晶粒数 N 和观察用的放大倍数 M,可按下式计算出实际试样检测面上(1 倍)的每平方毫米内晶粒数 N_A:

$$N_A = \frac{M^2 \cdot N}{A} \qquad (7.4\text{-}4)$$

晶粒度级别数 G 按式(7.4-5)或(7.4-6)计算:

$$G = 3.321\,928\,\lg N_A - 2.954 \qquad (7.4\text{-}5)$$

$$G = 3.321\,928\,\lg\left(\frac{M^2 \cdot N}{A}\right) - 2.954 \qquad (7.4\text{-}6)$$

7.4.5 数据处理

使用任何一种方法测量晶粒度,最初是以单位面积上的晶粒数 N_A、单位长度上晶粒截线数 N_L 或者晶界截点数 P_L 来表示。这些数值使用往往不方便,因此,通常以晶粒平均直径 $\bar{d}$、平均截距 $\bar{l}$、晶粒平均截面积 $\bar{A}$ 及晶粒度级别数 G 等量来表示。

7.5 刀具尺寸测量

7.5.1 试验目的

游标卡尺是工业上常用的测量长度的仪器,可直接用来测量刀具的长度、内径、外径等。

7.5.2 仪器设备

游标卡尺按其精度可分为 0.1 mm、0.05 mm、0.02 mm 三种。

7.5.3 试样

盾构刀具。

7.5.4 试验步骤

（1）游标卡尺的读数装置，是由尺身和游标两部分组成，当尺框上的活动测量爪与尺身上的固定测量爪贴合时，尺框上游标的"0"刻线（简称游标"0"线）与尺身的"0"刻线对齐，此时测量爪之间的距离为"0"。测量时，需要尺框向右移动到某一位置，这时活动测量爪与固定测量爪之间的距离，就是被测尺寸。

（2）读数时可分为两步：

① 先读整数——看游标"0"线的左边，尺身上最靠近的一条刻线的数值，读出被测尺寸的整数部分；

② 再读小数——看游标"0"线的右边，数出游标第几条刻线与尺身的数值刻线对齐，读出被测尺寸的小数部分（即游标读数值乘其对齐刻线的顺序数）。

7.5.5 结果整理

将两次读数的整数部分和小数部分相加，就是卡尺的所测尺寸。

7.6 滚刀尺寸测量

7.6.1 试验目的

一种用于测量盾构滚刀磨损量的卡尺，包括刻度条，还包括有刀圈尖部卡条和基准点定位卡条；所述刻度条可上下移动地垂直连接于所述刀圈尖部卡条的一端；所述基准点定位卡条的顶端则可左右移动地垂直连接于刀圈尖部卡条；所述刻度条的两侧分别设有适用于不同尺寸滚刀的磨损测量的刻度。

7.6.2 仪器设备

滚刀磨损量测量卡尺（图7-16）。

7.6.3 试样

盾构刀具。

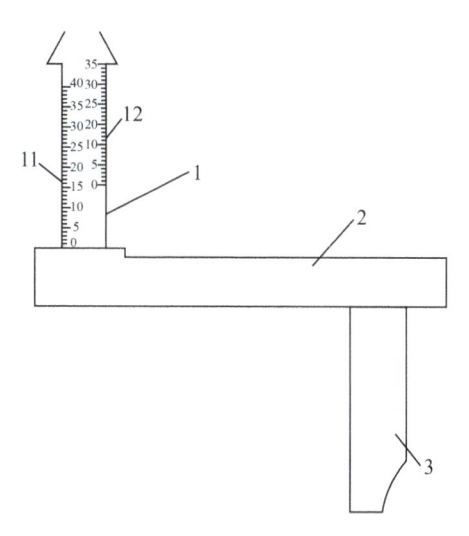

1—刻度条；2—刀圈尖部卡条；3—基准点定位卡条；11—刻度；12—刻度。

图 7-16 滚刀磨损量测量卡尺(单位:mm)

7.6.4 试验步骤

(1) 选择滚刀刀圈与盖条接触面的底边线为基准点(图 7-17)。因盾构施工过程,该点是绝不会发生磨损的,因此基准点不会发生变化,从而保证测量的准确度。

(2) 将基准点定位卡条固定在基准点,并通过基准点定位卡条和刀圈尖部卡条的相对移动,令刻度条对应刀圈尖部的位置,并上下移动刻度条使之底端与所述刀圈尖部相接。

(3) 保持基准点定位卡条平行于刀圈方向,读取该尺寸的刀圈在刻度条上对应一侧的刻度数值,即获取滚刀磨损数据。

7.7 机械破岩试验平台

机械破岩试验平台是在线性切割机的基础上发展而来,它不仅具有线性切割试验机的功能,还具备围压试验、旋转试验和多滚刀试验等功能。

线性滚刀破岩试验最早由科罗拉多矿业学院提出并付诸实践,其试验机可

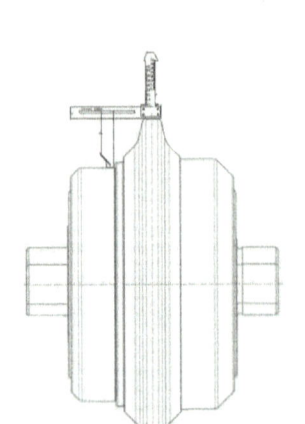

图 7-17　磨损尺寸测量示意图

以控制滚刀间距、贯入度等变量，并且岩石试样为大块原状岩样（1 100 mm× 800 mm×600 mm），可以避免由尺寸效应带来的误差。

韩国施工技术研究所的线性试验机是基于科罗拉多矿业学院试验机而设计的，但在结构和试验操作上均有所改进，如试样盒、传感器等方面，而且在试验中还增加了新的测量技术，如利用摄影测量法和 ShapeMetrix3D 三维评价软件对试验过程中产生的岩屑的体积进行准确的测量。图 7-18、图 7-19 分别是我国郑州盾构及掘进技术国家重点试验室和北京工业大学研制的破岩试验平台。

图 7-18　郑州盾构及掘进技术国家重点试验室研制的破岩试验平台

图 7-19　北京工业大学研制的破岩试验平台

第 8 章

其他材料试验

8.1 克泥效

8.1.1 用途、指标范围

"克泥效"材料是由合成钙基黏土矿物、胶体稳定剂和分散剂合成的粉剂材料。该材料与一定比例的水拌和成浆液后,与强塑剂(水玻璃)按一定的比例混合搅拌,胶结成不易被水稀释、有一定支撑力、低强度的永不凝固的可塑性黏土(通过调整两种材料的比例可以调整克泥效的黏度)。克泥效具有以下特点:(1)凝结时间很快;(2)黏稠度很高,一般为 300~500 dPa·s;(3)具有抗稀释性和挡水性,浸入水中 12 h 后不发生稀释现象;(4)具有较高的抗沉陷性,岩块沉陷试验中可保持 1 kg 的质量沉陷 1/3,并防止其下沉。

在盾构机掘进时若发生沉降、空洞、喷涌等危险情况时,克泥效的止水、充填及支撑等特性可以及时地达到补救,且不会产生过于昂贵的支出,使用方式也简单快捷。无须另外添置其他昂贵的设备,可以方便地运用盾构机上的高速混合机来实现本溶液混合,并经由泵、注入阀组及注入管注入溶液及水玻璃至土舱上方注入孔或盾构机四周进向口来进行混合和注入,有效达到止水、充填和支撑的效果。

克泥效工法还是盾构穿越风险源施工时使用的一种新兴工法,其基本作用原理为:在中盾注浆孔注入克泥效浆液充填盾壳与土体开挖边界之间的间隙,从而减小沿盾壳产生的土体损失;与此同时,克泥效浆液具有润滑特性,可以减小盾壳与土层之间的摩擦,进而降低盾构掘进时的扰动。

8.1.2 测试指标

8.1.2.1 黏度测试

不同配比的克泥效浆液通过 NDJ-8S 型数字显示黏度计测量黏度(参考 4.2.2)。

8.1.2.2 变水头渗透性试验

使用 TST-55 型变水头渗透仪测量,克泥效浆液渗透系数在 1.00×10^{-9} ~1.00×10^{-7} cm·s^{-1} 时,渗透性较小,随着克泥效浆液质量浓度的增大,渗透性出现明显减小的特性。因此,克泥效浆液配比达 400 kg/m³ 及以上时,能够阻止浆液向土舱流窜,从而使浆液起到很好的充填、支护和加固作用(参考 1.1.5)。

8.1.2.3 三轴压缩试验

试验设置先期固结压力为上覆土压力 200 kPa,然后降低围压至 140 kPa,还原既有隧道下部土体受到的固结压力,随后在该围压下剪切,黏土超固结比 OCR 为 1.43,参考试验《土工试验方法标准》(GB/T 50123—2019)。

8.1.2.4 固结测试

为了得到黏土和克泥效浆液的应力路径及其固结力学特性,同时为后续数值计算提供必要的参数采用单杠杆固结仪,将试样在侧限和容许轴向排水的容器中逐渐增加压力,测定压力和试样变形或孔隙比的关系以及变形和时间的关系。压缩稳定标准规定为每级荷重下压缩 24 h,或量表读数变化不大于 0.005 mm/h。测记压缩稳定读数后,施加第 2 级荷重,依次逐级加荷直至试验结束,参考试验《土工试验方法标准》(GB/T 50123—2019)。

8.2 衡盾泥

8.2.1 用途

"衡盾泥"是一种采用改性黏土材料(A 液)与增黏剂、塑化剂(B 液),按一定比例混合反应,所产生的具有一定强度、黏度和塑性的膏体。其中,改性黏土矿物为 40%~45%,塑化剂为 5%~15%,水为 45%~50%。该材料具有良好的和易性和黏附性,且具有隔水性好、黏附性及裹携性能强以及承载力较大等工程特性,是一种绿色环保材料,在水中不易被稀释带走,与土体混合后能够显著提高渣土的抗渗性,目前主要应用于带压开舱的泥膜护壁作业,也可以应用于渣土改良。

8.2.2 测试指标

8.2.2.1 密度

使用 NB-1 型泥浆密度秤测试衡盾泥密度(参考 4.2.2)。

8.2.2.2 黏度

使用马氏漏斗黏度计。（参考 4.2.2）。

8.3 油脂

8.3.1 用途

盾尾密封油脂，也称为盾尾密封油膏，是盾构采用多道钢丝刷作为盾尾密封装置时注入钢丝刷排间的密封材料。其功能为：（1）借压力注入，充满钢丝刷排的空间，同时挤入钢丝刷的钢丝间隙，增强了钢丝刷的密封性能，防止土砂和注浆材料的侵入。（2）盾构机在推进的过程中，边推进、边注入密封油脂借助油脂的挤压力，密封了在盾构掘进过程中隧道衬砌与钢丝刷之间的运动间隙（一般为 3~4 mm），油脂与钢板、钢丝刷、隧道管片黏结，并填充它们之间的空隙，与弹簧钢板、钢丝刷共同作用，形成一圈密封环。（3）借助材料与钢板和管片的良好附着力，起到防水与润滑的双重作用。

8.3.2 测试指标

8.3.2.1 耐水压密封性

耐水压密封性测试试验是将被检验盾尾油脂置于一定水压下，保持一定时间，检测该水压下油脂是否渗漏。

耐水压密封试验装置由承压筒、密封法兰、O 型密封圈、压力表、20 目金属网片以及加压装置等构成。其中承压筒高度为 120 mm，内径为 50 mm，其底部开设多个小直径泄水孔。密封法兰上装有压力表、进水阀以及加压管路等。承压筒底部放置多道金属网片，金属网片的直径要略大于承压筒内径。其中加压设备可选用液压系统来完成，也可以选用机械设备来实现。

试验方法：首先把两层金属网片放置于承压筒底部，然后在金属网片上部放入厚度为 5 cm 盾尾密封油脂，并把油脂夯实，以便排出油脂内部气泡，保持密封油脂与承压筒内壁之间的良好接触，盖上承压筒上部法兰；拧紧法兰和承压筒之间的螺栓，打开排气阀，通过进水管向承压筒中注水，直到排气阀中有水溢出为止，在注水过程中尽量使水流缓慢，以保证设备中的气体全部被排出;关闭排气阀,然后通过加压管对油脂进行加压。当压力表显示预定压力时,停止加压,在该压力下保持一定时间,观察泄水孔处是否有油脂溢出。一般在 3.5 MPa 的压力下使承压筒保持 60 min 后即可观察,如果泄水孔处有水滴下,表明该盾尾油脂的耐水压性能差;如果泄水孔处没有水滴,或者只有少量的油液滴下,表明该盾尾油脂的耐水压性能良好。

8.3.2.2 泵送性

泵送性是盾尾密封油脂很重要的性能指标之一。一些盾尾密封油脂在指标中只注明"可用中号黄油枪打出"来表示其泵送性,而没有进行定量表示,显然不能恰当地表达油脂的泵送性。

试验步骤:泵送性可按标准 NF 60139 进行测试,即盾尾油脂在 25℃时,1 MPa 的压力下通过一定毛细管时的流量,以 g/min 表示,毛细管的管径不一样,测定的值就有很大的区别(具体测试方法可参照标准 NF 60139)。

8.3.2.3 其他测试指标

除盾尾密封油脂两种最重要的性能指标,抗水压密封性和泵送性外,还有密度测试、下垂直测试、稳定性、挥发度、燃点的测试、锥入度(稠度)、PH 测试和抗水冲性测试。可以参照 GB/T 13477—2018《建筑密封材料试验方法》和 AST－MD 4049 的标准进行测试。

8.4 堵漏剂

8.4.1 用途

在隧道渗漏水的治理过程中,注浆材料可在自身重力或外部压力作用下,进入岩石、地层或构筑物的裂隙或孔洞中,进而达到防渗止漏、增加承载能力及提高构筑物整体性能的作用,因此材料选择的正确与否是隧道渗漏水治理成败的关键。

注浆材料历史悠久,发展速度较快,一般可分为无机注浆材料和有机注浆材料两大类,主要有以下几个方面:水玻璃注浆材料、丙烯酰胺类浆液(丙凝浆)、环氧树脂类灌浆材料、聚氨酯类浆液、水泥-水玻璃浆和脲醛树脂类浆液。

8.4.2 测试指标

8.4.2.1 黏度

黏度是反映注浆材料的渗透性,即可灌性,一般黏度越低,越容易渗透,说明可注性越好,按 GB/T 2794—2022 中的 5.1 规定进行。

8.4.2.2 凝胶时间

凝胶时间是针对水性堵漏剂而言,在规定温度下,与一定比例的水混合后,浆液由液态变为凝胶体的时间。它反映的是快速堵漏的效果,凝胶时间短,产品性能越好,快速堵漏的效果越明显。

8.4.2.3 遇水膨胀率

遇水膨胀率是指用水性堵漏剂制成的固结体浸泡于水后,在规定时间内其体积增长的倍数,用百分比表示。其反映了浆液固结体遇水膨胀的能力,在灌浆结束以后仍能遇水膨胀堵塞渗水通道,发挥二次止水堵漏的作用,值越大,效果越好。

8.4.2.4 包水性

包水性是指水溶性注浆材料与固定倍数水混合后,与水完全反应形成固结体所需的时间,反映了水溶性聚氨酯注浆材料的堵水能力。包水量越大,产品性能越好,快速堵漏的效果越明显。

8.4.2.5 发泡率

发泡率是指聚氨酯类注浆材料与水反应后,形成的泡沫状固结体相对于原浆液的体积增长率,用百分比表示。发泡率越大,产品性能越好,快速堵漏的效果越明显。

8.4.2.6 黏结强度

按照 GB/T 16777—2008 标准,采用力学性能试验机进行测定。

第 9 章

微观试验

9.1 X射线荧光光谱仪测试(XRF)

9.1.1 试验目的

测试盾构施工中涉及的材料的化学元素组成。

9.1.2 仪器设备

X射线荧光光谱仪,常用的仪器包含 HPA Nalytical Axios、RIGAKU ZSX Priums 等。

9.1.3 试样制备

试样磨碎之后过 75 μm 筛,取不少于 2 g 的样品进行测试。

9.1.4 试验操作

(1) 使用前检查电源线连接情况,并确认电压为 220 V;
(2) 打开仪器主机,预热 5~10 min;
(3) 打开电脑里的测试文件,输入正确的样品编号,并选择正确的测量模;
(4) 打开仪器主机顶盖,将已经制备好的样品放入样品腔中正确位置;
(5) 确认已正确放好样品,然后关闭主机盖子,等待 10 s 后点击测量。

9.2 电镜扫描测试(SEM)

9.2.1 试验目的

观测泥膜、渣土、泥饼、同步注浆材料等的微观形貌。

9.2.2 仪器设备

电镜扫描仪,常用的仪器包含 Hitachi Regulus 8100、Sigma 300、Zeiss Gemini 300、Zeiss Merlin Compact、Hitachi S 4800、JSM-7800F、蔡司 Supra 55。

9.2.3 试样制备

泥膜等试样需要经过冷冻干燥后,取块状试样进行测试。块状水泥基与石灰基试样需经过无水乙醇浸泡 24 h,水化停止后,再置于烘箱中以 50℃烘至恒重,然后再进行测试。

9.2.4 试验操作

(1) 开机前,应先检查仪器各部件是否齐全、接口是否连接良好,然后打开 SEM 控制软件,进入扫描电镜工作状态;

(2) 将样品放在 SEM 样品台上,并通过样品移动机构调整样品位置和角度,以保证样品表面垂直于电子束方向;

(3) 在 SEM 控制软件中,设置扫描电镜工作条件,包括加速电压、束流、扫描速度、信号放大倍数等参数,以获得清晰的扫描效果;

(4) 通过控制软件进行初步扫描,观察样品表面的大致形貌,并根据需要进行微调;

(5) 进行正式扫描,并获取高质量的图像数据。在此过程中,控制软件将扫描电镜所产生的反射电子信号转换为数字信号,并生成相应的图像,对于获得的图像进行后处理,包括噪声滤除、对比度调整、尺寸测量等,以获得更为准确的样品微观形貌。

9.3 X 射线衍射试验(XRD)

9.3.1 试验目的

测试水泥、粉煤灰、膨润土、泥浆、同步注浆材料等的相组成。

9.3.2 仪器设备

X 射线衍射仪,常用的仪器包含 X′Pert PRO MPD、D8、Ultima IV、smartlab 等。

9.3.3 试样制备

块状水泥基试样需经过无水乙醇浸泡 24 h、停止水化后,置于烘箱中以 50 ℃烘至恒重,采用研磨皿研磨、过 75 μm 筛后,取粉末进行测试。其他粉体类材料,可直接取少许进行测试。

9.3.4 试验操作

(1) 打开循环水机的电源开关,检查压力与温度,确保其在规定的范围内;

(2) 打开电脑和仪器,等待控制面板的 operate 灯常亮并伴有稳定频率的警告音时,按下 DOOR LOCK 按钮;

(3) 打开软件并登录,等待大约 20 s 的初始化时间;然后,使系统执行持续约 10 min 的老化,老化结束后开始测试;

(4) 将样品放进卡槽进行测试。

9.4 压汞试验(MIP)

9.4.1 试验目的

测试泥膜、泥饼及同步注浆体等材料的孔隙结构。

9.4.2 仪器设备

全自动压汞仪,常用的仪器包含 AutoPore Ⅳ 9510、AutoPore 9500,等等。

9.4.3 试样制备

泥膜泥饼等试样需经过冷冻干燥后,再进行测试。块状水泥基试样需经过无水乙醇浸泡 24 h、停止水化后,置于烘箱中以 50 ℃烘至恒重,再进行测试。

9.4.4 试验操作

(1) 打开电脑,然后打开氮气开关、压汞仪开关及测试软件;

(2) 称取样品质量,将样品装入膨胀计,注入汞后进行密封、称量,并将称量好的膨胀计放入低压舱;

(3) 在软件界面选择低压测试,填写相关信息,进行低压测试;

(4) 低压测试结束后,将注入汞的膨胀计放入高压舱,准备进行高压测试;

(5) 在软件界面选择高压测试,填写相关信息,进行高压测试;

(6) 高压测试结束后,将膨胀计从高压舱中取出,打开膨胀计,倒出废汞和废样,将膨胀计清洗干净,放回原位;

(7) 关闭软件界面,关闭电脑,然后关闭压汞仪,最后将氮气瓶关闭。

9.5 红外光谱测试(FT-IR)

9.5.1 试验目的

测试原材料的官能团。

9.5.2 仪器设备

傅立叶红外光谱仪,常用的仪器包含 Nicolet iS 10、Nexus 670、Nicolet Nexus 470 型、Perkin-Elmer Spectrum GX、Bruker Vertex 70、Nicolet iS 50 等。

9.5.3 试样制备

粉末样品干燥不含水,大于 10 mg,200 目以上,可用于直接压片的粒度;溶液需取 2 mL 以上,样品尽量不含水;块体样品干燥不含水,大于 0.5 cm× 0.5 cm;此外,水泥基试样需经过无水乙醇浸泡 24 h,停止水化后,置于烘箱中以 50℃烘至恒重后,进行研磨,并过 75 μm 筛。

9.5.4 试验操作

(1) 打开红外光谱仪,在仪器上选择红外光谱扫描模;

(2) 根据仪器的要求,进行波数校准,通常使用气体或参考样品进行校准;

(3) 选择检测方法,红外光谱试验可以采用不同的检测方法,最常用的是透射法和反射法;

(4) 将样品放在光谱仪的光路中,根据试验要求选择透射池、反射杯等装置;

(5) 启动光谱仪,旋转适当的波数范围和扫描速度;

(6) 试验结束后,关闭光谱仪,并进行相应的清洗和维护工作。

第 10 章

其他隧道相关大型试验仪器

10.1 隧道超前地质预报系统

隧道超前地质预报是指在隧道开挖施工过程中,通过一系列的地质预报措施,提前获取隧道掘进面的地质信息,以便合理调整施工方法、加强支护措施,从而保障施工的安全、高效进行。下面以 TGS 360Pro 型号的隧道超前地质预报系统为例进行介绍。

10.1.1 TGS 探测原理

TGS(Tunnel Geology Survey,隧道地质调查)360Pro 超前地质预报系统 3D-3C 是基于不同极化反射地震波来记录的(图 10-1),可以选择不同的震源(大锤、液压锤)和炸药。锤击震源在合适的地质条件下能够达到 150~200 m 的探测范围,炸药震源可达几百米。弹性波记录系统预设了三组分(3C)检波器,可将它们分布在隧道壁等位置。TGS 360pro 地震波探测仪由主机、传感器、数据采集软件、数据分析处理软件等构成。

图 10-1 隧道工程地震波反射法远距离超前地质预报系统

该技术的理念(图 10-2)是基于航空无线电定位每个 3C 检波器的工作原理提出了一个定向覆盖的锥形雷达(锥角为 45°)。经过极化处理的波场根据每个检波器迁移映射结果,将所有覆盖锥还原成一个在面部的中心点。

由于波的传播是一个球面扩散过程,所以一部分波会传到掌子面前方的围岩中去,当地震波遇到掌子面前方溶洞或富水层等波阻抗有差异的地方,

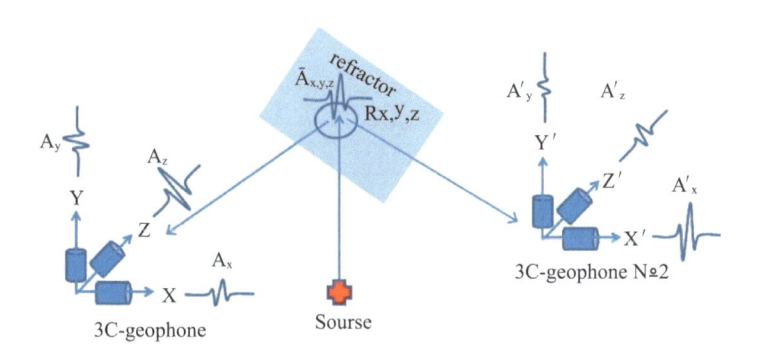

图 10-2 反射波探测原理

一部分波会被反射回来,一部分波会继续向前传播,波将依次传递下去,直到随着传播距离的增加和球面的扩大,能量足够小到不能被接收为止。通常,两侧介质的波阻抗差异越大,反射回来的能量越强,探测效果也越好。

在多个振源位置(连续)激发情况下,完整波场的矢量分量记录在现场处理系统内,确保可以在任何方位收到地层的可靠稳定的总结性参数化三维图像(图 10-3)。该参数图像可以识别地层分离元素(地块材料损坏的垂直区对应于地块接触不同的地球动力学状态);通过处理得到的图像可以预测涌水、冒顶、含水区域及破碎带等危险情况。

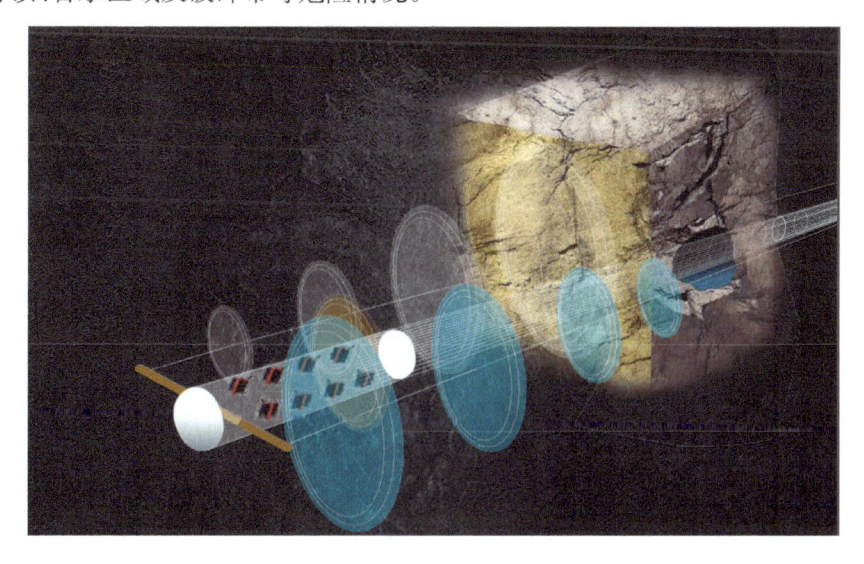

图 10-3 TGS 360Pro 探测原理

10.1.2　TGS 360Pro 的技术特点

类似于 TSP 方法，TGS 360Pro 超前地质预报法可以得到岩体的力学参数，如：纵波速度 Vp，横波速度 Vs，纵横波速比 Vp/Vs，杨氏模量 E，泊松比 σ。不同于 TSP 的地方是它在地震数据解释上有一套自己的预测流体富集的专利方法，可以提供围岩应力梯度图、含水概率图等。

动态流体法（DFM）是 Pisetski 等发明的一项专利技术。地震资料解释的动态流体法（DFM）就是以离散动态介质模型为基础的，该方法基于以下假设：掌子面前方的地质介质是一个离散的介质，该介质处于连续的非均匀应力影响之中，即引力和构造力。非均匀应力状态会造成岩石压力的空间分布不同，岩石中压力的差别使得岩石中流体发生运移，即从"高压"区向"泄压"区逃逸或运移。瞬时压力变化会产生裂缝并且有地震响应，DFM 就是从记录的地震信号中提取这种响应，通过希尔伯特变换解析出地震信号的瞬时振幅和瞬时相位，再根据振幅和相位的参数计算出相对压力梯度，从而确定出富含裂缝和流体的区域。

10.1.3　超前地质预报流程

隧道超前地质预报是隧道工程中非常重要的一环，它可以帮助工程人员及时了解隧道掘进面的地质情况，降低施工风险，保障工程的安全顺利完成。以下是隧道超前地质预报的步骤。

（1）地质勘察与预报区划分：在隧道开工前，进行详细的地质勘察，了解地层特征、构造情况等，将隧道掘进线路划分为不同的地质预报区，便于后续工作的展开。

（2）预报点设置：根据勘察结果，确定一系列预报点位，这些点位应涵盖不同地质条件和隧道断面位置，以全面反映隧道的地质情况。

（3）预报监测装置布置：在每个预报点位安装相应的检波器。这些设备能够实时接收锤击返回的地震波。

（4）预报数据采集：通过锤击或者爆炸产生震源，检波器接收返回的地震波，采集数据时应切断影响数据质量的干扰源和其他震源（如落石、崩块）。

（5）数据分析与判读：对采集到的预报数据进行分析和判读，评估地质情况的稳定性和变化趋势，包括地质结构、地下水位、地应力等信息。识别可能的地质风险。

（6）风险评估与预警：根据数据分析结果，对可能存在的地质风险进行评估，并及时发出预警，提示施工人员注意安全。

（7）调整施工措施：根据预报数据和风险评估结果，合理调整隧道施工方法和支护措施，确保施工的安全性和高效性。

（8）信息反馈与记录：将地质预报的数据和监测结果及时反馈给有关部门和施工人员，同时做好详细的记录。

10.1.4 隧道超前地质预报意义

（1）保障安全：隧道超前地质预报可以提前获知隧道掘进前方的地质情况，包括岩层的稳定性、构造裂隙、地下水位等信息。通过及时了解地质风险，施工人员可以采取合适的施工方法和支护措施，从而避免地质灾害事故，保障施工人员的安全。

（2）提高施工效率：通过预先了解地质情况，可以合理调整施工策略，选择适当的工程机械和支护设备，从而提高施工效率。避免盲目施工和不必要的停工，节约时间和成本，确保工程按计划顺利进行。

（3）优化资源：隧道超前地质预报可以帮助工程人员更好地规划和利用资源。例如，在岩层稳定性较差的区域，可以采取适当的支护措施，避免资源浪费和工程质量问题。

（4）保护环境：合理预测地下水位和地质构造情况，可以有效减少隧道施工对地下水和周围环境的影响，降低对自然生态的破坏。

（5）保障工程可持续性：隧道超前地质预报有助于降低工程的风险和不确定性，提高工程的可持续性。通过科学的地质预测和合理的施工规划，可以延长隧道的使用寿命，减少后期维护成本。

总的来说，隧道超前地质预报在隧道工程中扮演着预警和规划的角色，为施工提供重要参考依据，保障了工程安全、高效、可持续的进行。这对于大型隧道工程尤为重要，因为隧道施工常常涉及复杂多变的地质条件，预报工作能够最大限度地降低风险，并确保工程的顺利实施。

10.2 土工离心机

10.2.1 离心机构成

（1）旋转结构：离心机的核心是旋转结构，包括主轴、转盘和电机等。主轴是连接电机和转盘的部件，通过电机的驱动使转盘产生旋转。转盘是离心机上安放试验模型或样品的平台，通过旋转产生离心力。电机提供动力，驱动转盘旋转。

（2）测量和控制系统：离心机配备了测量和控制系统，用于监测和记录试验数据，并对离心机进行控制和调节。测量系统包括传感器、变送器和数据采集设备，用于测量离心力、位移、压力等参数。控制系统可用于调节离心机的转速、加速度、温度等工作参数，以满足试验需求。

（3）离心力发生装置：离心机的主要功能是产生离心力，离心力发生装置实现了这一功能。通常采用离心机内部的离心力发生装置，如离心机驱动系统、离心机平衡系统等。离心力的大小取决于转盘的旋转速度和半径。

（4）试验样品或模型：离心机的目的是进行模型试验，因此试验样品或模型是离心机不可或缺的组成部分。样品或模型通常代表实际工程结构或土体，放置在转盘上进行试验。样品或模型的尺寸和比例根据所研究的问题和试验要求确定。

（5）辅助设施：离心机试验还需要一些辅助设施，以确保试验的顺利进行，包括供应电源、液压系统、气压系统、冷却系统等，以及一些辅助工具和设备，如加载装置、测量设备、摄像设备等。

图10-4是典型土工离心机的空间布置图，不同类型和规模的离心机可能会有一些差异，具体构成也会根据试验需求和设计要求而有所变化。

10.2.2 国内离心机建设

土工离心机在土木工程、地质工程、水利工程等领域的应用非常广泛，对于研究土体的力学性质、渗透性、抗剪强度、压缩性等特性，以及模拟地质灾害等方面起到了重要作用。许多大学、科研院所和企业都建立了自己的土工离心机

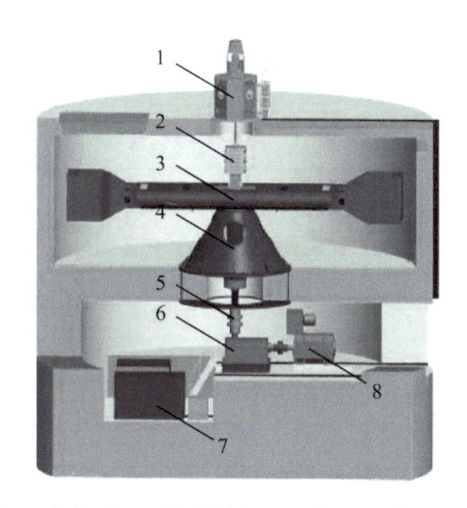

1—上仪器舱;2—下仪器舱;3—转臂系统;4—传动支撑;5—联轴器;6—减速器;7—稀油润滑系统;8—电机。

图 10-4 典型土工离心机空间布置图

试验室。这些试验室通常配备了先进的设备,包括高性能离心机、数据采集系统、传感器等,可以进行复杂的土工力学试验和地质模拟试验(图 10-4)。

浙江大学在建的超重力离心模拟与试验装置(Centrifugal Hypergravity and Interdisciplinary Experiment Facility,简称 CHIEF)已被列入《国家重大科技基础设施建设"十三五"规划》十个优先项目之一,CHIEF 的工程目标是建成国际上容量最大的超重力离心模拟与试验装置,离心加速度和负载可控可调,离心机容量达 1 900 g·t,最大离心加速度达 1 500 g,最大负载达 32 t。CHIEF 将填补我国超大容量超重力离心机的空白,为国家重大科技任务开展、重大工程新技术研发和验证、物质前沿科学发展提供先进的试验平台和基础条件支撑。

交通运输部天津水运工程科学研究院 TK-C500 型土工离心机,是中国已建成的容量最大、功能最全、性能最先进的土工离心模拟试验系统之一,并配有水平和垂直双向振动台、四自由度多功能机械手、降雨与波浪及潮汐发生装置。试验室面向国家和行业建设需求,不仅致力于解决常规岩土工程问题,更针对行业特点进行水运工程岩土理论、海洋土特性、离岸深水港水工建筑物与地基稳定性、港口工程全寿命理论、自然灾害模拟与反演技术等研究。

时至今日,我国已有 20 多家高校及科研单位建成 30 余台离心机设备,建设概况及基本设备参数如表 10-1 所示。目前已建成投入使用的大容量土工离心模拟设备(不小于 100 g·t)已有 25 台。

表 10-1　国内离心机建设

编号	单位	半径/m	离心加速度上限/g	载荷/t	容量/g·t	建成时间
1	航空部 511 厂	6.5	850	0.08	68	1960
2	中物院总体所	10.8	90	2.4	216	1969
		10.8	110	3.0	330	1985
3	长江科学院	3.0	300	0.5	150	1983
		3.0	300	1.0	300	1985
		3.7	200	1.0	200	2010
4	南京水科院	2.9	200	0.1	20	1982
		2.25	250	0.2	50	1989
		5.5	200	2.0	400	1992
		2.7	200	0.3	60	2011
5	河海大学	2.4	250	0.1	25	1982
6	上海铁道学院	1.6	200	0.1	20	1987
7	四川大学	2.0	250	0.1	25	1990
8	成都科技大学	1.5	100	0.25	25	1991
9	中国水科院	5.0	300	1.5	450	1991
10	清华大学	2.0	250	0.2	50	1992
11	台湾"中央大学"	3.0	200	1.0	100	1995
12	香港科技大学	4.2	100	4.0	400	2001
13	西南交通大学	2.7	100	1.0	100	2002
14	长安大学	2.7	200	0.3	60	2004
15	重庆交通大学	2.7	200	0.3	60	2006
16	同济大学	3.0	200	0.75	—	2007
17	大连理工	0.7	600	—	150	2007
18	长沙理工	2.5	150	1.0	150	2007
19	浙江大学	4.5	150	2.7	400	2010
20	成都理工	5.0	250	2.0	500	2010
21	天科院	5.0	250	2.0	500	2015
22	中国地震局工程力学研究所	5.5	100	3.0	300	2018

续表

编号	单位	半径/m	离心加速度上限/g	载荷/t	容量/g·t	建成时间
23	郑州大学	5.0	200	3.0	600	—
24	交通运输部天津水运科学研究院	5	—	—	—	—
25	浙江大学超重力离心机	—	1000	3.7~26	1900	—

10.2.3 离心机试验内容

（1）土力学试验：土工离心机可以模拟实际场地中的土体受力情况，进行土力学试验，如压缩试验、抗剪强度试验等。通过离心力的作用，可以加速试验过程，并获得更真实的力学行为和参数。

（2）土体液化试验：土体液化是土壤在地震或其他振动荷载作用下失去强度并表现出流体特性的现象。土工离心机可以模拟地震条件，研究土体液化特性及其对工程结构的影响，如进行液化触发试验、液化后固结试验等。

（3）土体侧向位移试验：通过模拟边坡、挡土墙、基坑等工程结构的受力情况，可以研究土体的侧向位移行为。离心机可以模拟实际场地的重力和惯性效应，提供更真实的试验条件。

（4）土体渗透性试验：离心力可以增加土体的渗透性，加快水分通过土体的速度。通过测量渗透压力和渗透率等参数，可以研究土壤的渗透性质，如渗透试验、渗透稳定性试验等。

（5）土体模型试验：利用离心机可以制作土体模型，模拟实际工程中的复杂地质条件。通过对土体模型进行加载和观测，可以研究土体的力学行为、变形特性以及与结构相互作用的问题。

这些只是土工离心机可进行的一些试验示例，实际应用还可以根据具体研究需求进行更多类型的试验。

10.2.4 模型试验的尺寸效应

离心模型试验的尺寸效应是指在离心试验中，由于模型尺寸与实际工程尺寸存在差异，可能会引起试验结果的不准确。尺寸效应是指模型尺寸变化对试验结果的影响，包括结构行为、破坏机制、力学性能等方面。

尺寸效应可能会对离心试验的可靠性和可比性产生影响，因此需要在试验设计和数据解释过程中予以考虑。以下是一些常见的尺寸效应。

（1）强度尺寸效应：在离心试验中，当模型尺寸缩小，通常会导致模型的强度提高。这是因为在较小尺度下，模型的应力集中现象减弱，材料的强度得到提高。因此，离心模型试验的强度结果可能会高于实际工程的强度。为了解决这个问题，常常需要进行尺寸修正，将试验结果与实际工程进行对比。

（2）刚度尺寸效应：模型的刚度也可能受到尺寸效应的影响。较小的模型尺寸可能导致模型的刚度增加，因为较小尺寸下的应变分布较为均匀。这可能会影响结构的动力响应、振动特性等。为了解决这个问题，可以通过合适的刚度修正方法来纠正尺寸效应。

（3）破坏机制尺寸效应：模型尺寸的变化也可能导致破坏机制的改变。在实际工程中，结构的破坏通常是由于局部破坏导致的整体破坏。然而，在离心试验中，由于尺寸缩小，局部破坏可能对整体结构的破坏起主导作用。因此，在离心试验中观察到的破坏机制可能与实际工程存在差异。

（4）流体行为尺寸效应：对于液体和气体等流体的行为，尺寸效应也需要考虑。流体的黏性和表面张力等特性在不同尺度下可能会有所变化，这可能会影响离心试验中流体的行为和性能。

为了减小尺寸效应的影响，研究人员通常会进行相关的尺寸效应分析和修正。通过经验公式、理论模型或数值模拟等方法来预测和校正尺寸效应，以确保离心试验结果的可靠性和可比性。同时，对于涉及人身安全和重大工程的离心试验，通常会进行一系列的验证试验，以评估尺寸效应并验证试验结果的适用性。

10.2.5 离心机缩尺缩时效应

离心机缩尺缩时效应是指将实际工程或现象通过离心模型试验进行缩尺处理时，可能出现的尺寸和时间上的影响。由于离心试验是通过增加离心力来模拟实际情况，缩小模型的尺寸以适应离心机的工作范围，因此需要考虑缩尺缩时效应以保证试验的可靠性。

在离心模型试验中，常使用的是几何相似性和动力相似性原理。几何相似性要求模型与实际结构在几何尺寸上具有相似性，而动力相似性要求在相

似的应力和应变条件下进行试验。然而,由于实际结构和离心模型之间的尺寸差异,缩尺缩时效应可能会引起一些问题,例如:

(1) 时间缩放效应:由于离心试验的时间是实际时间的缩短,试验所涉及的物理和化学过程可能会发生加速。这可能会影响一些时间敏感的现象,如渗透、固结、腐蚀等。为了解决这个问题,需要考虑适当的时间缩放关系,将离心试验的观测结果与实际情况进行对比。

(2) 应力和应变分布效应:离心试验中的应力和应变分布可能会受到缩尺的影响。尺寸缩小会导致应力集中现象的增加,而某些材料的力学行为在不同尺度下可能会发生变化。因此,需要考虑在缩尺试验中的应力和应变分布,并采取合适的修正方法来保证结果的准确性。

(3) 边界效应:离心模型试验中,边界条件对试验结果的影响也需要考虑。由于模型尺寸缩小,边界效应可能更为显著,对应力和变形的分布产生较大影响。因此,在设计离心试验时需要合理选择边界条件,并对边界效应进行评估和修正。

为了解决离心机缩尺缩时效应带来的问题,研究人员和工程师通常会采用数值模拟、理论分析和经验修正等方法来进行调整。此外,对于涉及人身安全和重大工程的离心试验,通常会进行一系列验证试验,以确保结果的可靠性和可行性。

10.2.6 离心机试验意义

(1) 模拟真实环境:离心机试验能够模拟真实工程环境下的力学行为,通过增加离心力来模拟重力和惯性效应,使得试验更接近实际情况。这有助于理解和研究实际工程中的复杂地质、结构和土壤行为。

(2) 优化结构设计:离心机试验可以用于优化工程结构的设计和性能。通过模拟不同工况和参数的试验,可以评估结构的稳定性、承载能力和变形特性,进而改善结构设计、减少风险和提高工程可靠性。

(3) 研究土体行为:离心机试验在土壤力学研究中具有重要作用。通过离心试验,可以研究土壤的强度特性、变形特性、渗透性等,为土壤工程的设计和施工提供可靠的数据和准确的参数。

(4) 地震工程研究:离心机试验在地震工程研究中起到关键的作用。通过模拟地震作用下的结构和土壤行为,可以研究地震对工程结构的影响,如地基液化、地震响应、结构抗震性能等,为地震工程设计和防灾减灾提供重要参考。

(5)验证数值模拟:离心机试验可以用于验证和校正数值模拟方法。通过与数值模拟结果进行对比,可以评估模拟的准确性和可靠性,帮助改进数值模型和参数,提高预测和分析的精度。

(6)提供设计指导:离心机试验可以为工程设计提供指导和依据。通过试验获得的数据和结果,可以为工程设计人员提供准确的性能参数、荷载响应和结构行为,从而优化设计方案并提高工程质量。

总体而言,离心机试验通过模拟真实环境,提供准确的数据和结果,为工程和科学研究提供重要的支持和指导。它能够深入研究工程结构和土壤的力学行为,解决实际工程中的问题,推动工程技术的发展和创新。

参考文献

[1] 王保田，张文慧. 土工测试技术[M]. 南京：河海大学出版社，2021.

[2] 侍倩，曾亚武. 岩土力学试验. 第 2 版[M]. 武汉：武汉大学出版社，2010.

[3] 付小敏，邓荣贵. 室内岩石力学试验[M]. 成都：西南交通大学出版社，2012.

[4] 付志亮. 岩石力学试验教程[M]. 北京：化学工业出版社，2011.

[5] 郭群. 岩土力学试验指导书[M]. 长沙：中南大学出版社，2015.

[6] 韩旭，庞奇林，朱先发，等.《盾构法隧道同步注浆材料应用技术规程》T/CECS 563—2018 标准解读[J]. 建材世界，2022，43(6)：117-120.

[7] 韩月旺，钟小春，虞兴福. 盾构壁后注浆体变形及压力消散特性试验研究[J]. 地下空间与工程学报，2007，3(6)：1142-1147.

[8] 陈喜坤. 不同地层条件下壁后注浆材料的固结-胶结规律[D]. 南京：河海大学，2009.

[9] 杜瑞，朱伟，闵凡路，等. 盾构壁后注浆体在不同地层中固结排水试验研究[J]. 隧道建设，2017，37(1)：1417-1423.

[10] 王睿，姚占虎，朱伟，陈喜坤. 南京纬三路过江通道盾构壁后注浆固结不排水剪切力学特性研究[J]. 现代隧道技术，2015，52(4)：95-100.

[11] 宋帮红. 胶凝速率对盾构壁后注浆体固结及上浮力影响时变规律[D]. 南京：河海大学，2022.

[12] 俞超杰. 盾构硬性浆固结时变性及其对地层沉降影响[D]. 南京：河海大学，2020.

[13] 左佳. 盾构壁后注浆材料三轴应力-应变特性研究[D]. 南京：河海大学，2011.

[14] 刘瑞江，张业旺，闻崇炜，等. 正交试验设计和分析方法研究[J]. 试验技

术与管理，2010，27(09)：52-55.

[15] 王树英，刘朋飞，胡钦鑫，等. 盾构隧道渣土改良理论与技术研究综述[J].中国公路学报，2020，33(05)：8-34.

[16] 朱伟，闵凡路，钟小春. 泥水加压盾构泥浆与泥膜[M]. 北京：科学出版社，2016：33-145.

[17] 杜佳芮. 盐分对泥水盾构泥浆泥膜性质影响及微观机理分析[D]. 南京：河海大学，2020.

[18] 戴叶谦. 海底风化岩断层破碎带泥水盾构泥浆成膜及开挖面稳定性分析[D]. 南京：河海大学，2022.

[19] 徐静波. 压力条件对泥水盾构泥膜性质影响及其质量评价试验研究[D]. 南京：河海大学，2018.

[20] 郑怀礼，熊祖平，孙永军，等. 疏水缔合阳离子聚丙烯酰胺污泥脱水剂的合成及其表征[J]. 土木建筑与环境工程，2014，36(4)：104-114.

[21] 王登峰. 建筑废弃泥浆絮凝脱水研究及应用[D]. 南京：河海大学，2020.

[22] 严子春，杨永超，何前伟，等. 阴阳离子有机絮凝剂对污泥脱水效果的研究[J]. 环境工程，2015，33(8)：110-113.

[23] 吕焕杰. 基于带压滤的高粘粒含量泥浆脱水试验研究[D]. 南京：河海大学，2021.

[24] 霍磊. 疏浚泥浆的水力旋流分级与浓缩试验研究[D]. 南京：河海大学，2016.

[25] 唐璇，邵小康，谢维，等. 克泥效特性试验及其在盾构穿越施工中的应用[J].隧道建设(中英文)，2023，43(04)：602-610.

[26] 刘越春，张宠，曹斌虎. 克泥效技术在控制盾构隧道施工引起的既有建筑物沉降中的应用[J]. 现代隧道技术，2022，59(S2)：234-238.

[27] 孔恒，郭飞，姜瑜，等. 盾尾密封油脂专利技术现状[J]. 化工新型材料，2020，48(11)：243-246.

[28] 钟长平，竺维彬，邱小佩，等. 盾构施工"衡盾泥"辅助新工法研究[J]. 现代隧道技术，2016，53(03)：1-7.

[29] 王德乾，张锋，贺春龙，等. 安达环保型盾尾密封油脂的研究与应用[J].

铁道建筑技术，2015(02)：86-90.

[30] 严振林，郭京波.盾尾密封油脂性能评价方法研究[J].石家庄铁道大学学报（自然科学版），2010，23(04)：91-94.

[31] 辜思达，黄威然.盾构法隧道管片防水堵漏施工技术[J].广东土木与建筑，2005(04)：47-48.

[32] 刘世喜，代天豪.快凝堵漏剂与环氧树脂砂浆在隧道渗水修补中的应用[J].山西建筑，2019，45(04)：166-168.

[33] 王晓亮.地下工程注浆效果综合评价技术研究[D].北京：北京市市政工程研究院，2009.

[34] 张彦杰.探地雷达在道路检测中的应用研究[D].长春：吉林大学，2007.

[35] 杜军，黄宏伟，谢雄耀，等.介电常数对探地雷达检测隧道壁注浆效果研究[J].地下空间与工程学报，2006(03)：420-424+429.

[36] GB/T 50123—2019.土工试验方法标准[S].北京：中国计划出版社，2019.

[37] GB/T 23561.2—2010～23561.16—2010.煤和岩石物理力学性质测定方法[S].北京：中国标准出版社，2010.

[38] GB/T 232—2010.金属材料弯曲试验方法[S].北京：中国标准出版社，2010.

[39] JB/T 11861—2014.盾构机切削刀具[S].北京：机械工业出版社，2014.

[40] GB/T 6394—2017.金属平均晶粒度测定方法[S].北京：中国标准出版社，2017.